销售这么做
顾客才埋单

照着做，就能把顾客变为朋友

易天◎著

中国华侨出版社

前言

　　现如今，销售行业经过不断的发展和演变已经成为现代商业和服务业中不可或缺的一部分，在现代市场中占据着极其重要的位置。销售的成功与否直接决定了企业的核心竞争力高低。销售滞后，意味着联结企业与市场的桥梁倒塌，企业的经济链失去保障，生存岌岌可危。

　　因此，作为企业价值的直接实现者，销售人员责任重大。尤其在这个科技发展能力日渐趋近的时代，如何让自己的产品在差距甚微的众多同类产品中脱颖而出，销售人员在其中发挥着至关重要的作用。

　　然而，随着经济全球化的发展，各企业间的营销竞争愈发激烈。与此同时，客户对产品和服务的要求变多，需求也更加独特。随着对销售工作熟知度的提升，他们甚至具备了各种"反销售"技能。销售工作面临的是越来越高难度的挑战，想让客户埋单，愈加艰难。

此时，提升销售人员的素质和能力便成为迫在眉睫的任务。越来越多的企业意识到这一点，纷纷将培养销售人员的素质和能力视为营销工作的重中之重。销售的难度不在于产品的种类，也不在于客户的类型，金牌销售能把任何东西卖给任何人。但不可否认的是，任何一个销售团队中总有一些人业绩斐然，也有一些人举步维艰。这二者之间的差别不在于天分，而在于前者比后者拥有更多有利于销售的素质，掌握了更有效的销售技巧。

本书的立意便在于此：于内，销售人员可以学会从内打破自己，培养顶尖销售应具备的个人素质，更好地打造个人信誉；于外，销售人员可以学会各种销售技能，学会与各种各样的客户打交道，比如，了解客户的真实需求，刺激客户的购买欲，以新型营销模式拓宽推广市场等。

无论是企业还是个人，无论是对销售一知半解的菜鸟，还是已投身销售事业多年，却始终不得章法的老鸟，都可以翻阅本书。让销售人深入销售的世界，从内而外地提升自己，洞悉客户，打破"无头苍蝇"式的盲目推销，寻得切实有效的销售方法，让客户高高兴兴地埋单。

目录
Contents

291　第十一章　投入新型营销模式

第一章
自我管理先于一切

　　再多花哨的销售技巧都不敌一颗强大的内心。对于销售人员来说，被打击，被拒绝，如同家常便饭。所以，销售绝对不是一个简单的职业，在成功销售产品之前，你要先练就一身"铜墙铁骨"，修炼利于销售的职业特质。这样，你才能在与各种各样的客户打交道时游刃有余。

关于你自己，越清楚越好

综观世界上那些成功人士的经历，你将不难发现他们都有一个共同点，那就是——有充分的自知之明，也就是这些成功人士对自己都有一个充分的认识，而只有在对自己有充分的认识之后才能不断改造自己、提升自己，最终走向成功之路。

美国许多大公司在招聘销售人员的时候总会问应聘者这样一个问题："你为什么要应聘销售人员?"对于这个简单的问题，大多数应聘者都会给出这样的答案："我喜欢这份有挑战性的工作"、"为了实现我自己的梦想"、"这份工作很酷啊"等。而做出这种回答的应聘者一般不会被录取，相反，如果应聘者直截了当地说："为了赚钱"、"为了薪水"，那么面试官反而会露出满意的笑容并祝贺他被录用。

拿破仑曾说过："不想当将军的士兵不是好士兵。"而这句话套到销售人员身上，就可以这样说："不想赚钱的销售不是好销售。"事实也的确如此，一个不想赚钱的销售人员一般也不能创造一个良好的业绩。

让我们来看看日本保险业销售泰斗原一平的故事吧。

原一平在 27 岁时就进入了日本明知保险公司开始了他的推销生涯，在他工作之初，他穷得连午饭都吃不起，他只能露宿街头。但是一个极为偶然的机会，原一平遇到了一位老和尚，这位老和尚的一席话改变了他的一生。

有一天，他向一位老和尚推销自己的产品，原一平经过详细的介绍后，老和尚平静地看着他说："听完你的介绍，我没有丝毫想投保的意愿。"

原一平听后颓废地低下了头，老和尚注视了他很久，接着说："人与人之间相互交谈的时候，一定要具备一种强烈吸引他人的魅力，如果你做不到这点，那么我劝你还是不要做销售这份工作了。"

原一平听后哑口无言，冷汗直流。

老和尚又说："年轻人，先从改变你自己做起吧！"

"改变自己？"原一平疑惑地看着老和尚。

"没错，就是改变自己，不过改变自己首先要认识自己，你知不知道你是一个什么样的人呢？"

原一平还没张口，老和尚又说："你在替别人考虑保险之前，不妨先考虑一下你自己，认识你自己。"

"考虑？认识？"

"没错，赤裸裸地注视自己，毫无保留地剖析自己，彻底地反省自己，然后才能认识自己。"

老和尚的一席话如醍醐灌顶般让原一平瞬间透彻，原一平终于明白自己失败的原因所在，他从此开始努力地认识自己、锤炼自己，终于成为了一代推销大师。

认识自己，说起来简单，但是做起来却十分困难。人们必须经过深刻的自我剖析和别人的批评之后才能够逐步地认识自己。大多数人对自己都没有信心，但是经过自我剖析后会发觉自己的长处和缺点，知道自己的弱点，相信自己的能力，确定自己努力的方向，从工作中找到自己的位置，最终获得成功。那么，我们又该如何进行自我剖析呢？最简单的办法就是时刻留一只眼睛给自己，随时反省。

有个男子从小就立志当一名剑客，在他青年时期，他拜在一名隐士高人门下学艺，有一次，他问隐士："师父，根据我的资质，要练多久才能成一名顶尖剑客？"

隐士回答说："至少也要15年的时间。"

男子说："哇，15年也太久了，那如果我加倍努力苦练，多久才能成为顶尖剑客呢？"

隐士回答："那就需要30年的时间了？"

男子一脸狐疑地说："那如果我不眠不休，夜以继日地苦练，能否在10年内成为顶尖剑客？"

隐士回答："如果你不眠不休的练剑，那么10年之内你必死无疑，更不要说成为一名顶尖的剑客了。"

这个男子颇不以为然地说："师父，你的话太矛盾了，为什么我越努力的练剑，成为一名顶尖剑客的时间就越长呢？"

隐士回答说："要成为一名顶尖剑客的先决条件就是必须要保留一只眼睛注视着自己，不断地反省，而现在你的两只眼睛都只看着一流剑客的招牌，哪里还有眼睛注视自己呢？"

这个男子听完满头大汗，当场顿悟。

要想当一名一流的剑客，只会苦练剑术是远远不够的，必须要时刻留一只眼睛注视着自己，不断反省，不断改进。而要当一名一流的销售人员，仅学习推销技巧也是不够的，必须永远留着一只眼睛注视着自己，不断反省，不断改造。

要认识自己，除了自己的注视，还要有别人的帮助。自己的注视就是我们在上面讲的自我剖析，而别人的帮助就是他人对我们的批评。仅仅自我剖析会很容易陷入当局者迷的情况，此时，我们就需要来自他人的批评以帮助我们清醒了。

对于大多数人来说，向自己坦承短处或者向别人承认过错都是十分难堪的事。因此，很多人都会纵容自己，一旦发生错误就会寻找各种各样的借口来原谅自己，得过且过。只有少数人能够学会自我剖析和请求他人批评，彻底认清自己，针对自己的缺点进行改进，最终获得了成功。

只有认清你的长处和短处，才能发挥自己的长处，改进自己的短处。这样一来就能够获得他人的尊重，而你也会因为了解了自己的长处从而提高自己的自信心，进而肯定自己。根据心理学家的调查表明，人类所使用的能力大约仅占其全部能力的 2%。换言说，你还有 98% 的能力处于待开发状态，因此，合理地开发自己的长处是销售人员提升自己的第一步。而自我剖析和请求他人批评正是开发自己长处的最好途径。

销售人员是一个十分特殊的群体，他们可以说是商场中的特种部队，是集大智大勇于一身的特种人才。他们在推销商品的同时其实也是在推销自己，包括自己的业务水平、谈判技巧、为人品德等综合素质，这些都可以形成一种特殊的影响力，它决定着客户对你是否信服，是否能够接受你。而做好真实的自己，相信真实的自我，就会使销售人员充满力量，全面提升自己的各个方面，对客户产生一种吸引力，最终凭借着这种吸引力谈成生意。

不自怨自艾，勿妄自菲薄

我们要坚信这样一句名言：天生我材必有用。如果从孩提时代起就培养孩子对家庭的和幸福的责任感，使他们认识到自己也是家中的劳动者、贡献者，是一个有用的人，那么，他们一旦走上社会，就能够有信心，且能主动地发挥创造性的才干，为社会、国家做出贡献。

在生活中，人们总是习惯性地与他人比较。通过比较，人们总是会发现有人比自己更优秀。而在发现这一情况之后，有些人被激发了上进心，向好的榜样学习，努力地追赶，不断提升自己，这是一个比较带来的积极的作用。此外，在比较的过程中还会出现另一种情况，那就是觉得自己处处不如人，开始对生活失去信心，一蹶不振，甚至觉得生活毫无希望，这就是比较带来的消极影响。

在现实生活当中，人们在与他人比较的时候应该进行合适、理智的比较，而不是胡乱比较，给自己造成巨大的压力和打击。正确地认识和评估自己才能找到自己正确的位置，做好自己应该做的事，千万不要因为贪羡别人而妄自菲薄。

在销售工作中，业绩的对比是销售人员进行自我评价的一种常见方式。领先的人会继续努力，而落后的人则会努力追赶，大家都为了做出更好的业绩而不懈努力。但是，有些销售人员面对自己平常的成绩可能会失去信心，甚至妄自菲薄："我怎么可能超过人家。""我实在是太笨了，我根本不适合做这份工作。"这样的销售人员首先在内心就否定了自己，觉得自己无法和身边的成功人士相比，总觉得低人一等，认为自己永远不会有什么出息。而一旦拥有这样的心理，在工作中就容易变得消极，最终被公司淘汰。

妄自菲薄是一种十分消极的心理反应。在很多时候，销售人员会因为自己的家庭状况不好、经济收入不多、文化水平不高、社会地位低下等因素不由自主地否定自己，因为自己的现状而自卑，因此在销售时就容易缺乏自信，变得懦弱和谦卑。

"我只是农村出身，普通话都说不好，怎么能比得过人家大城市的人。""我只有高中毕业，人家可是名牌大学的本科生，他一定看不起我。""我只不过是一个普通的销售员，人家是个总裁，他肯定不会接受我的推销的，还是不要自取其辱了，交给别人来做吧。"类似的这些消极心理完全磨灭了销售人员的自信和激情，使得销售人员不断埋怨自己、责怪自己、贬低自己，失去主动改变、提高自己的动力。

隋阳是一个大专毕业生，他在毕业后就进入一家保险公司担任推销员。初出茅庐的他想要在这个公司好好发挥一番，于是他干劲十足地投入到工作中，并且也取得了一定的成绩。随着他在公司的时间变长，他渐渐发现公司里的业务员大都是名牌大学的博士生和硕士生，最次的也是重点大学的本科生，这让隋阳觉得压力很大，他觉得一个专科生挤在一群比自己学历高很多的人群中，多少有些不相配，就如同凤凰窝中的野鸡，是一个异类。

公司每个月都有一次业绩大评比，如果隋阳一旦排名靠前，他就对自己说："你这是瞎猫碰上死耗子，侥幸而已。"而每当自己落后，他又会对自己说："你学历不如人家，落后是肯定的。"而且每次约见大客户时，隋阳也总会把机会让给身边的同事，因为他觉得自己不配和那些大老板谈生意。即使去了人家也不会瞧得起自己，所以就不去自取其辱了。这种消极的心态使隋阳越来越不自信，最终发展到只敢天天在公司打电话，而不敢约见客户的程度，一直成绩平平，毫无进步。

妄自菲薄既是对自己心灵的严重打击又是对自己的不尊重和不负责任。试想一下，如果一个人连自己都看不起自己，那么还有什么资格去要求别人看得起你？人生不过寥寥数十年，不管身处什么环境，不管你的身份多么卑微，你都要看得起自己，努力争取自己应有的权利，并不断地改变和提高自己，以此赢得别人的尊重和敬佩。自暴自弃是懦夫的行为，用自己的可怜来换取别人的同情的人只配做乞丐。

要想让别人看得起，首先就要自己看得起自己。工作中存在差距是十分正常的事情，而造成自己落后的原因也有许多方面，或许是自己的方法不对，或许是自己的努力还不够。不能把别人的优秀归结为别人聪明而自己愚蠢，这是一种逃避。人和人的智商没有太大差别，每个人都是两只胳膊一双手，关键就在于你是否努力。正是因为你不够积极、不够努力，所以你才不如别人。文化水平不高可以自学弥补，能力不足可以锻炼成才，经济收入低微可以慢慢提高，只要你认真做，没有什么是不可能的。销售人员不要轻易地给自己下结论，认为自己笨、自己能力差、自己处处不如人。其实只要你付出比别人更多的努力，那么你得到的回报也会比别人多很多，这是一个不争的事实。因此，销售人员在面对失败的时候，需要的不是自责和抱怨，而是打起精神、面对事实，客观地分析失败的原因，找出自己的缺点或差距，并努力弥补，这才是一个强者，一个销售人员该做的事情。

销售人员在面对与他人的差距时千万不要妄自菲薄，更不要自暴自弃，而是应该正确地认识自己和评价自己，在对自己的情况彻底清楚之后再着手进行改变，奋起直追，直到超越自己的目标。记住一句话："成功者从不为自己找借口。"那些面对挫折自怨自艾，宁可花费大量的时间来抱怨命运不公、抱怨自己的能力低微的人只能一辈子当一名失败者。真正的勇士敢于直面挑战，敢于流更多的汗水和泪水进行进步，他们从不临阵脱逃，他们从不承认自己的是懦弱和无能的，他们只会不断寻找自己的缺点，不断努力、不断追赶、不断挑战一个又一个高峰，最终获得惊人的辉煌！

挑战极限与不可能

在动物界中，敢于捕捉大型猎物的是百兽之王老虎？还是森林里的大灰熊？或者是草原上的雄狮？不是，都不是。在动物界捕食目标最大的动物是体重只有 30~40kg 的狼。

狼不但敢于袭击体型大于自己数倍的牛、野马、黄羊、鹿等动物，而且当狼成群结队之时，它们甚至还会同时围捕数万只的马群、羊群。由此可见，狼的自信非同一般。

自信的狼身上充满攻击力，而自信的销售人员身上则是充满了活力。自信的人不仅对自己有着前所未有的信心，而且对自身能力有一个很好的把握，还可以看到自己的缺点，并且面对困难有信心克服。成功的概率也因此增大。

有位著名的成功学家曾经说过："最可怕的敌人，就是没有坚强的信念"。有志者，事竟成，破釜沉舟，百二雄关终属楚。现如今，我们耳边似乎还在回荡着项羽"力拔山兮气盖世"的豪言壮语。

少年得志的项羽在不到 20 岁之时看到秦王出游的马车便发出"彼可取而

代也"的壮志，23 岁就随着自己的叔父项梁起义，25 岁与秦军战于巨鹿，九战九捷，大破秦军 30 万众，成为统帅。

当秦军围困赵军 46 天，各路诸侯皆屯兵数十里外不敢向前，是项羽怀着必胜的信念，毅然杀掉宋玉，带着他的军队破釜沉舟地冲向秦军。最终，项羽胜了，经此一役，不仅改变了秦末战争的力量对比，也使项羽达到了人生最辉煌的顶点。成就项羽的就是他那强者的心理素质，他的自信、不屈、威武、霸气造就了一代西楚霸王。

项羽就像是一只狼王，带领着自己的手下疯狂地捕猎，在中原大陆这片草原上称王称霸，正是自信造就了他的所向披靡。

在狼的生活世界里，在每一只头狼的成长经历中，它始终对自己有信心，它始终相信自己有一天会成为头狼，并且会率领着自己的狼群在茫茫的森林以及辽阔的草原上纵横驰骋。

我们都知道，在头狼的成长经历当中，所面临的困难与挑战重重，如果没有一种强者的心理素质，是很难战胜那些困难和挑战的。

狼的这种自信的心理素质的确值得我们去学习，正如美国现代心理学之父威廉·詹姆斯所说的一样："我们坚定不移的信心，常常是取得胜利的唯一法宝。"也就是说，人的自信作为一种愿望和自我确定，能产生超越自我的力量。

只要你相信自己可以成功，那么终究有一天你会赢得成功。有方向感的信心，会令我们每一个意念都充满力量。当你有强大的自信心去推动你的人生，那么你就可以平步青云，无止境地攀上成功之巅。

作为一名销售人员，也要拥有这种自信，只有自信才能让你走得更远。

当然，在靠着自信心追求成功的道路上，肯定会有着各种各样的挫折和失败在等着我们，但是只要我们拥有强者的心理素质，勇于面对挫折，承受失败，而且可以在失败之后重拾自信。那么，在通往成功的道路上，就没有什么可以阻挡你了。

有这么一个故事，有一个渔夫在出海捕鱼时，一旦捕获了鱼总要看看这条鱼的个头大小，在看过之后他就会将大鱼放回海中，只留下小鱼。有人好奇地问渔夫为什么这样做。渔夫答道："我真的不愿意这么做，但是我只有一口小锅，煮不了太大的鱼。"

没错，很多时候，销售人员也会遇到"锅小鱼大"的情况。在你面临一个大客户的时候，你会不会说："天啊，怎么会给我一个如此重量级的客户，我可没能力办好这件事情。"或者说："那个大客户脾气古怪，最厉害的销售人员都没有成功，更何况是我这个没有销售经验的新人，所以，我肯定没有办法做好这单生意，还是不要去碰钉子了……"

这种例子每天都在上演。如果一个销售人员连自己都不看好自己的能力，把目标设定得很小，或者根本就没有目标，那么，谁又能尊重你，谁又能把生意交给你来做呢？许多销售新人之所以没有好业绩就是因为一旦遇到稍有难度的工作就害怕做不到，因此限制了自己的能力和潜力的发挥。

当你认为自己的能力没有办法做好一件事之前，当你说出"我恐怕不行"这种话之前，请你仔细考虑一下这句话对你的职业生涯和你的销售业绩有多大的影响，或许一个几百万的订单就因为你的一句话而灰飞烟灭，或许一次锻炼自己、挑战自己的机会就因为这句话而丧失。因此，销售人员一定要敢于挑战、敢于设定宏伟的目标，敢于一次又一次地突破极限、超越自我！

要超越极限、挑战自我，就不要一味想着自己的能力有多小，而要想自己的潜力有多大，然后立刻行动。只要你这么想了、这么做了，你就会发现自己的能力原来远远超出自己的预期。

如果你坚信自己是一个最棒的销售员，坚信自己总能够把产品成功的推销给客户，那么你的精神状态也一定是乐观的，你的生活也一定是快乐的，你的言谈举止、思想行动也一定是积极向上的。而在这样的前提下，你的销售之路又怎么会不平坦呢？

无论如何，有一个目标

一个人没有人生目标是可怕的，这并非是说这个人有什么可怕，而是没有目标的人生本身就很可怕。卡耐基曾说："毫无目标比有坏的目标更坏。"因为没有目标未必是这个人无所事事，而是这个人很可能毫无作为。

从古至今无数的事实证明了，要想成功就必须要有一个明确的人生目标。没有人生目标也就没有具体的行动计划，而没有行动计划做事就会敷衍了事，也就会丧失责任感，更谈不上什么意志坚强、斗志昂扬了。没有目标，即使有再高的才华都是白费。

有无数销售新人因为否定自己最终毫无建树，不得不另谋高就。事实一再表明，一个人只有制定积极、符合自身情况的目标才能改变工作中、事业上的不理想现状。当你为自己制定一个远大的目标，并承诺会为实现这个目标而奋斗的时候，你就会感觉到涌动在你心底巨大的潜能，会感觉浑身有使不完的力量。

最顶尖的销售人员都有这样一股鞭策自己的神奇力量，当一些销售新人因为胆怯而徘徊不前时，他们却能够凭借着自己高度的乐观、自信、上进心，以及内心的自发力量，把内心的恐惧和外界的挫折统统控制住。他们坚信自己一定可以实现自己的目标，他们总是这样激励自己。

美国著名的销售人员斯通在 20 岁的时候搬到芝加哥，创办了一家名为"联合登记保险公司"的企业。尽管当时该公司中只有他一个人，但是他仍然有信心办好这一企业。

在开业的第一天，斯通便在热闹的北克拉街推销出了 54 份保险单。不过，即使他一开业就取得了一个开门红，但是人们还是对他的公司议论纷纷，认为这个只有一个人的公司肯定坚持不了几天。然而斯通却坚信自己每天能够完成更好更高的目标，那就是——多卖几份保险。在这一目标的指引之下，斯通在祖利叶城创造了平均每天成交 70 份保险单的骄人业绩，他的最高纪录是一天出售 122 份保险单。在他不懈的努力之下，他的公司也一天天兴旺起来，不仅在芝加哥站稳了脚跟，还在美国其他州开辟了保险业务。

斯通正是通过设立目标，自我肯定才获得的成功。他在经过不断的提升、成长之后，完成了在别人看来几乎不可能完成的任务。从本质上来说，自我提升来源于自信，而目标是我们激发自信的源泉。当人们有了某种需求，它就会激励人们用行动去满足自己的这种需求，而把这种需求明朗化、公开化就是目标。

作为一名缺乏销售经验的新人，当你在遇到困难、挫折、失败时，一定要告诉自己：我不怕失败。我也不会被轻易打倒，我要达成我的目标，我要实现我的梦想！只要我努力，一定会成功！

现实生活中有很多这样的人：他们害怕困难，恐惧挫折，一旦遇到困难和挫折，他们就会败下阵来，即使是一个小小的挫折，他们也不敢去面对，甚至在困难消失时他们也不敢再次尝试，而改变这一状况的方法就是设立目标。

古人云："凡事预则立，不预则废。"虽然在实际工作中，没有事先设定目标的推销人员偶尔也会成功，但是那些并非是真正的成功。制定目标可以帮助你获得真正的成功，而且由于你的成功是通过你努力工作获得的，因此它便具备了真正的价值和意义。你会极力保护你的劳动成果并努力使它茁壮成长，这样一来你非但不会挥霍浪费，反而会把它建立在一个更为坚实的基础上。而不制定目标，就不能充分发挥你的潜能，没有了目标，你在工作中就会变得无精打采、烦躁不安，从而失去工作的重心。

执行，化大为小

拥有一个目标是成功的前提，而在拥有目标之后该如何做，却是让很多销售人员十分困惑的问题。也就是说，如何将目标转化为行动，这一执行的过程非常重要。其实，答案非常简单，就是把目标拆分，变成一个又一个详细的计划。

一个优秀的销售人员一定是善于规划的人，只有学会了规划出实现目标的具体步骤，才能达成自己想要的目标，到达成功的彼岸。

1945 年，山姆·沃尔玛创立了第一个廉价商店，当时他就定下了一个目标：在 5 年内，让纽波特的小店成为阿肯色州最好、获利能力最高的杂货店。山姆·沃尔玛清楚地知道，如果想要实现这个目标，这家小店的销售额必须达到现在的 3 倍以上，从现在的年销售 7.2 万美元，增长到 25 万美元。

最终山姆达到了自己的目标，非但成为了阿肯色州获利能力最高的商店，还成为了周围 5 个州的最佳获利商店。

之后，山姆继续替他的公司设定惊人而具体的目标，他每过 10 年就会定出一个新的目标。到了 1977 年时，他的目标是："在 10 年内成为年销售额 1 亿美元的公司（亦即增长 2 倍以上）。"

毫无悬念，这个目标又实现了，他依然在为自己的公司制定下一个目标，1990 年，他定下了一个新的目标："在 2000 年前，使公司拥有的商店数目倍增，并且使每平方英尺的销售额增加 60%。"

沃尔玛公司的一名董事罗伯特·康恩曾经在给友人的信之中有这样一段话："……沃尔玛清楚表明一个目标，要在 2000 年前把商店的数目增加 1 倍，并且把每平方英尺的销售额提高 60%。更重要的一点（也是大家没有注意到的）是，他确实定出了 1250 亿美元的明确目标……"

沃尔玛之所以可以成功，是因为他有着清晰具体的目标实施方案。而这一特点在其他优秀管理者的身上也总能发现。比如通用电气公司的韦尔奇，他在最初成为通用 CEO 的时候就制定了这样一个目标：在我们服务的每一个市场中，要成为数一数二的公司，并且改革公司，拥有小团队般的速度和活力。相比之下，西屋公司的目标是：全面品质、市场领袖、科技驱动、全球化、重点增长、多元化。比起现在很多公司难以了解，不容易记住的"愿景宣言"，通用电气的目标显得更清晰、更具体、更能促使大家行动。

不同的工作模式也会造成不同的结果，有的销售人员在设定目标之后便埋头苦干，而有的销售人员却会认真思考，寻找出一条最方便的道路。

总公司派给了两个销售团队经理一样的任务——增长 35% 的销售额，如果完成了，整个销售团队都会有丰厚的奖金。

其中一个销售经理是这样对手下分派任务的——小 A、小 B、小 C 你们三个今年必须要达到 35% 的销售额增长，只要达到指标，年底公司发奖金。下面的销售代表一看，怨声载道，觉得任务繁重，互相讨论："35% 的销售额太难了，市场已经接近饱和，要想增长这么多需要费多大的劲啊。""就算有年终奖金，但是 35% 可不是个小数字，不是人人都可以达到的。"最后的讨论结果是，人人都觉得是个不可能完成的任务，都没有热情去做，到年终的时候达不到目标，甚至业绩有些下滑，那个销售经理受到了解雇。

而另一个销售经理想要达到同样是 35% 销售额的增长，却是这样分配任务的：小 A 你明天负责多跑一个客户，多签一份合同就算完成任务了；小 B 你这个月只要多做出两份市场调查，就可以休息了，年底给你发奖金；小 C 你这个季度争取把王总这个大客户拉过来，这一段时间你不用做别的事情，只要搞定王总，就算立了头功。

等这个销售经理一分配完任务，下面的小 A、小 B、小 C 等都觉得这些任务并不难，只要努努力就可以做到，而且还有奖金拿，何乐而不为呢？最终到年底这个销售团队成功地完成了 35% 的销售额增长，那个销售经理也因此获得了升迁。

两位销售经理，一样的任务，一样的奖励，但是为什么一个可以完成任务并且获得升迁，而另一个却没有完成任务反而遭到了解雇呢？

原因就是因为两人用的方式方法不同，一个只会机械性地把上面派下来的任务传达给自己的手下，而另一个却会分解任务，如果只有一个远大的目标，而没有具体步骤，那么销售人员看到那个艰难远大的目标会望而生畏，本来能完成的任务也完成不了了。

在 20 世纪中期，5 个平民被一个财主抓了起来当作奴隶，每天逼他们工作，晚上关在一个大笼子里。这个大笼子是精钢制作，十分结实，如果想要逃脱，只有从地下挖出一条隧道。于是 5 个人商量想挖出一条隧道来，但是当他们想开始实施之时，发现没有铲子等挖掘工具，能用的只有几根木棍，而且他们做了一天的活都已经累到瘫痪，谁也不愿意动。

并且挖一条隧道逃跑确实是一件非常辛苦的事情，于是他们的这个计划就这么搁浅了下来。

就这样过了半年，又有一个人被抓进了笼子，当知道大家在为不愿做奴隶想逃跑而苦恼的时候，这个人拿起树枝在地下写写画画开来，没一会儿，他把大家召集了起来，对大家说，我已经调查并估算过了，我们挖隧道逃跑大概需要挖一条 3 米深 7 米长的隧道，而挖 1 米需要 1 个人挖两天，那么就要 20 天，我们有 6 个人，每个人只要挖 3 天半就可以跑出去了。那时候我们就获得自由了。

听到这里，大家都非常兴奋。这个人接着说："大家的劳动付出是一样的，不计先后，每个人只要完成自己挖的天数就可以休息，但是，有一点必须要做到，就是每个人都必须全力以赴，因为只要有一个人偷懒一天那么我们就会导致任务时间延期，会打破这个劳动分工的平衡，如果两个人偷懒，我们很可能就会无法完成隧道的挖掘，只能白白给人做奴隶，所以就算为了自己，大家也要全力以赴！"

他说完后大家都由衷地点头表示赞同，于是他接着说："好，既然是我的提议，那么我就第一个去挖隧道。"说罢这个人就拿起棍子开始挖掘隧道，因为有了明确的分工，所以大家也都不再互相推诿，都抢着去挖掘，同时都很卖力气，丝毫不偷懒，因为谁也不希望这个计划失败。

果然，20 天之后，这些人挖通了隧道，重获了自由。

这就是把团队目标逐层分解，化整为零，因为后来这个人的到来，所以大家才获得了自由，如果没有这个人的明确分配工作，那么，这群人或许会当一辈子奴隶。这就是一个很好分解目标任务的例子，而且销售人员也必须掌握这种本领，销售人员如果想要实现一个目标，第一步就是规划出实现目标的具体步骤，那么我们如何去规划具体的步骤呢？

首先，我们要把目标用白纸黑字写下来，只有将目标写下来你才能将目标的详细内容规划出来。同时，在你写出这个目标之时，这个目标已经具体地呈现在了你的眼前，你的潜意识就会更加认真对待这个目标，而不是只在脑袋里想想。你不能逃避自己的承诺，所以必须将目标写在纸上，明确具体地呈现在你面前，不用太多，一句话就可以："我一定要实现……的目标"。这是你的总目标。

然后，设定一个时间，根据你所写的目标，以及你希望达成目标的时间，设定一个时间限制，有时间限制才叫目标，没有时间限制那叫梦想。

接下来，列出要达成这个目标的充分理由，建议你简明扼要地写下你为什么要达到这个目标的真正理由，告诉你自己实现目标能获得的收获，把握它们对你的重要性，如果你做事能找出充分的理由，你将无所不能，因为追求目标的动机比目标本身更能激励自己。

最后，你要学会奖励自己，在达成每一阶段的目标之后，给自己设定一个奖励，比如一周的放松假期；或者买一个心仪已久的东西；再或者去旅行；等等，给予自己阶段性的奖励，促使自己更有干劲地去实现这个目标。

对突发状况灵活应变

应变力是近年来十分流行的一个词汇，而应变能力是指人在外界事物发生改变时，所做出的反应，可能是本能的，也可能是经过大量思考过程后，所做出的决策。

在生活中，我们难免会遇到一些难以预料的突发情况，而此时，就是考验一个人的应变能力和适应能力的时候了。如果一个人应变能力和适应能力很强，那么他就可以冷静地、理智地分析现状，通过巧妙的方法来灵活应对，最终能够化险为夷，使自己摆脱困境。而如果一个人缺乏灵活的应变能力就会遇事慌张，手足无措，甚至鲁莽行事，最终把事情搞得一团糟，使自己白白蒙受损失。因此，应变能力是每个人都必不可少的一种本事。

而对于销售人员来说，应变能力更是一种必不可少的基本素质，是确保销售获得成功的一个先决条件。在日常生活中，销售人员会接触各种各样的客户，这些客户身份复杂、脾气各异，其中不乏一些固执的、冷漠的、倔强的、蛮横的、傲慢的客户，如果没有灵活聪慧的应变能力。那么就很难适应并应对不同的客户需求。这样就会给销售工作带来很大的阻碍和损失。

虽然随机应变没有什么固定的模式，但是它却可以在突发事件面前帮助你巧妙地化解和避开不利因素，抓住有利因素，从而帮助销售人员做到不因意外事件而影响生意，甚至能依靠突发情况扭转劣势，促成交易。

要想有效地发挥自身的应变能力，销售人员在销售过程中就不能只会死板地例行公事、墨守成规，而应该学会发现新情况、新问题，从销售过程中总结出新的经验。对于销售过程中遇到的新问题、新事物，能够认真分析、勇于开拓、大胆提出自己的设想和解决办法；在突发事件面前要保持冷静、理性处理，想方设法化解不利因素，千万不要慌了手脚、冲动行事。

应变能力体现出的是一个人的自信与智慧以及乐观心态，因为同样的问题，消极悲观的人选择逃避和放弃，从不主动应对，而积极乐观的人却勇往直前，永不放弃，最终突破障碍，让事情往好的方面发展。

随机应变需要销售人员有一颗灵活的头脑，说话做事都要恰到好处，不过分也不虚假，这样才能让人信服，给客户留下一个好印象，化劣势为优势，不开罪于客户。

王明在职高毕业后便开了一家发廊，由于手艺精湛，再加上他伶牙俐齿，很快他的理发店就在当地小有名气，生意十分红火。

有一次，他给一位顾客理完发后，顾客照了照镜子说："理得有些长了。"王明在一旁笑着说："头发长才显得有风度，魅力四射啊，您没看到吗，那些名人明星都是您这个发型。"顾客听后心里十分高兴，愉快地结账走了。

王明给另一位客人理完发之后，顾客照了照镜子说："你理得也太短了吧！"王明又是笑着说："头发短显得精神、年轻、朝气蓬勃，你看街上的小伙子都是这个发型。"顾客笑了一声说："是吗？那就好，那就好！"

王明在给第三位客人理完发之后，客人说："理得时间够长的啊。"王明笑着解释说："您是我最尊贵的客人，我可要多花点时间在您身上啊！"客人听完哈哈大笑，挥手告别。

王明给第四位客人理完发之后，客人看了看手表说："动作挺快的，才不到 20 分钟。"王明笑着说："现在时间就是金钱，我不能耽误您的金钱啊！"客人听完满意地点了点头说："很好，下次我还来你这里理发。"

王明的应变能力不得不让人敬佩，值得广大销售人员学习，如果销售人员能够掌握他这种应变能力，又何愁生意谈不成呢？

美国著名的营销专家卡塞尔曾说过："生意场上，无论买卖大小，出卖的都是智慧。"而销售人员的应变能力就是一种智慧的表现，没有智慧，也就无法拥有这样的能力。销售人员每天都要接触很多客户，而很多客户的性格、爱好、品性又不尽相同，这样一来销售人员很有可能会在销售过程中遇到很多从未遇到过的状况或难题，这是十分正常的事情。销售人员不应该因为自己没有经历过这些困难和挫折就产生畏惧心理、惊慌失措，丧失信心和勇气，这样非但给客户留下一个恶劣的印象，还会阻碍销售工作的顺利进行。因此，锻炼自己的应变能力对销售人员的重要性无与伦比。那么，如何才能提升自己的应变能力呢？以下有几种方法：

1.多参加富有挑战性的社交活动

在参加社交活动的时候，你必然会遇到各种各样的突发问题和实际困难，而努力去解决问题和克服困难的过程就是一个增强应变能力的过程。

2.扩大个人的交际圈

无论是学校还是家庭或是一个小团体，都是一个社会的缩影，而在这些相对较小的范围内，你或许会遇到很多需要应变能力才能解决的问题。因此，只要学会应对各式各样的人，加入多样的圈子，才能推而广之，应对多变的复杂环境。只有提高自己在小圈子中的应变能力才能在社会这个大圈子中如鱼得水。而扩大交际圈，就是一个提升和锻炼自己应变能力的捷径。

3.加强自我修养

应变能力强的人往往能在复杂的环境中沉着应对，而不是紧张或莽撞行事。而在工作、学习和日常生活中，遇事能够学会冷静，学会自我检查、自我监督、自我鼓励，有助于你培养良好的应变能力。

4.改变自己的不良习惯和惰性

假如你遇事总是犹豫不决、优柔寡断，那么你就必须要主动地去克服这种情况，主动去锻炼自己的处世能力，做到决策果断。假如你总是因循守旧、半途而废，那么你就要学会从小事做起，努力控制自己，不达目标决不罢休。只要下定决心不断改变自己的惰性和不良习惯，那么人的应变能力总会不断增强的。

才华最能赢得客户青睐

为什么有的销售人员可以和客户侃侃而谈，非但能谈成生意，还令客户十分欣赏他们，而有的销售人员在客户面前只能唯唯诺诺，一味地应承，最终却拿不下订单？他们之间究竟有什么不同？如何才能做到吸引客户，这需要什么样的素质才能完成？

能够吸引他人的素质有很多。而才华，恰恰是其中最简单却也是最困难的一种。在销售过程中，那些有能力、有才华、风趣幽默的销售人员总是拥有令人羡慕的业务量。而那些只会死板说教的销售人员，很难赢得客户的好感，更别说做出优秀的业绩了。

王喜是一名销售语言教材的销售员。有一次，他在电话中向一位客户推销一本名为《30天让你掌握流利英语》的书籍，尽管他把自己的产品夸得天花乱坠，而且接连用了很多推销技巧，但是说了半天，客户还是无动于衷。王喜不死心，于是继续夸赞自己的产品，此时客户已经有些不耐烦了。他对王喜说："如果你能用英文把你刚才说的话再重复一遍，我就买你们的书。"

此时王喜一下子傻了，因为他本身英语就十分差劲，连正常的交流都很困难，怎么可能把刚才的话用英语表达出来呢！他愣了一会儿，客户见他没有回答便"咔嚓"一声把电话挂了。

这件事对王喜有了很大的触动，是啊，一个推销让人30天说一口流利英语书籍的人却连自己都说不出流利的英语，这又怎么能说服客户购买自己的产品呢？

而后，王喜开始认真地进行自我反思。他认识到，想要成为一名优秀的销售人员，想要顺利地说服客户，就必须让自己看起来很棒，要对自己的业务有着充分的了解和掌握，也就是说要想说服客户购买自己的英语书，那么首先自己就要会说一口流利的英语。这样才能让客户信服。于是王喜自己先买了一本英语教材，并下苦功认真地学习，很快，他就能与外国人进行交谈了，此外，他还积极了解行业的最新消息，发挥自己产品的优势，充满自信地进行推销。

一次偶然的机会王喜又遇到了之前拒绝他的那位客户，而这次王喜的表现却令那位客户大吃一惊，看着王喜镇定自若地吐出一句又一句流利的英文，这位客户由衷地赞叹道："你可真是太棒了，我很佩服你。"后来他们建立起了长久的合作关系，而那位客户甚至还帮助他进行推销。

王喜过硬的素质受到了很多客户的钦佩，与他接触过的客户都会对他竖起大拇指。很快，王喜因为销售业绩突出被提为销售主管，但是他一直牢记那次的教训，总是会时刻提醒自己："要让自己看起来很棒。"

销售人员推销产品，就像是在舞台上为客户进行一场表演，要想打动客户、说服客户，就要表演得精彩一些，把自己的才华和魅力全部展现出来，因为只有你表演得精彩，客户才会为你喝彩。

因此，销售人员要不断提高自身的学识以及修养，而熟练掌握自己的业务是首先要做到的，因为只有这样才会在客户面前显得不是外行。如果你知识渊博，才华横溢，对什么都可以说得头头是道，那么你不仅可以很容易地与客户找到共同语言，还能用你的才华来征服客户，让客户对你心悦诚服，那么你的产品自然也会销售顺利。如果一个销售人员连自己推销的产品或者业务都不了解和不熟悉，那么你又如何让客户对你信服。因此，销售人员在客户面前一定要表现得十分优秀，这样才能赢得客户的好感和信赖。

当然，表现优秀说得绝非是对任何事都夸夸其谈，而是有真才实学，这样才能做到"真金不怕火炼"，表面上说得富丽堂皇，而自己根本没有真才实学，那么一旦被客人切中要害，就会无言以对。因此，销售人员绝对不能眼高手低，掩耳盗铃。对于销售人员来说，拥有过硬的业务知识和高超的职业技能是很重要的。没有哪位客户喜欢一位眼高手低，嘴上侃侃而谈，说到具体情况就哑巴了的销售人员。没有才学，也就没有了吸引客户的资本，永远只能做一名普通的销售人员，无法获得客户的认同。

才华是一种资源，能够增加销售人员的个人魅力。一个才华洋溢、能力出众的销售人员必然会受到客户的欢迎和爱戴。那么，我们该如何提高自己的才华，又应该着重提升哪些方面呢？

1.对自己的公司和业务充分了解

销售人员应该对自己的公司、自己推销的产品或业务有一个充分的了解和掌握，要注重平时的磨炼与积累，通过各种不同的途径来进行学习和提高，充分掌握关于自己公司或产品的所有知识，以一个专家的身份，向客户介绍自己的产品，回答客户的问题。

2.多关注本行业的发展动态

销售人员应该及时掌握最新的行业信息，找准业务或产品的优点和卖点，重拳出击，强力推销。销售人员只有不断地提高自己的业务水平，增加自己的内涵和才华，并把自己的才华表现出来，才能赢得客户的青睐。

专业是最好的个人品牌

专业销售从来不讲自己的产品如何优秀，自己的理念多么先进。专业销售也不会为几个点的提成而活，而是为了客户的切身利益着想，看重长远的利益。

从某种意义上来讲，如果销售工作需要一定的天分，那么肯定有些人具备天分，而有些人缺乏天分。很显然，天分是无法强求的，但是销售人员却可以通过后天的勤奋学习来弥补自己缺乏的天分。那么，一名销售人员具体要学习一些什么呢？通过学习又可以获得什么样的知识和技巧呢？

销售人员要学习的知识很简单，自然是关于销售的有关知识。实际上，由于销售工作面对的是客户，所以在销售人员的知识构架中，排在第一位的应该是与客户相关的知识——你是否了解客户，你是否了解客户所在的公司以及他们所做的业务？每支销售队伍都有一些介绍自己公司和产品的资料，甚至他们每周都会开例会来熟悉自己的产品。但是每周开会了解客户公司和业务的销售队伍却并不多见。这种情况导致销售人员和客户之间的距离越来越远，有时候销售人员千方百计约到了客户，但是在和这位客户交流的时候却往往不知道说些什么，客户的业务和公司对这些销售人员来说十分陌生，最终导致生意失败。这种情况非常典型，究其原因就是销售人员不重视对客户知识的积累。

崔胜强是一位电脑工程师。有一次，他去拜访一家外企的 IT 副经理。这位副经理是他用了三个星期时间的努力才约到的。但是当他站在这位副经理面前的时候，他突然觉得自己无话可说了。在开头寒暄了一句之后，他却不知道该如何进行下面的话题了。结果使气氛变得十分尴尬，自然，拜访也很快就结束了。见面的结果则是这位副经理对崔胜强的产品没有任何兴趣，更不要说购买了。

因此，在销售人员的知识体系当中，客户知识是最重要的。全面主动地了解客户相关信息可以帮助你在见到客户时有更多的话说，而且这些话往往也是客户所喜欢的。因此，作为一名销售人员，首先要了解客户的知识，其次才是产品的知识和公司的知识。

销售人员承担着很多方面的职能，是企业经营的必备人才。因此，销售人员必须要有旺盛的求知欲，善于学习并完善销售所需的必备知识。除了客户的知识，大体上还有以下几个方面：

1.企业知识

销售人员应该熟悉自身企业的历史以及企业在行业中的地位；除此之外还要学习企业的销售政策、商品的种类以及服务的项目、交货的方式、定价的策略、付款的条件以及售后服务等知识。

2.产品知识

销售人员要了解商品的性能、价格、用途、用法、结构、维修以及管理等知识，同时还要了解与之竞争的产品的相关知识。

3.用户知识

销售人员应该了解客户群中谁具有决定权，以及具有决定权的人的动机和习惯、采购的方式、条件、时间等情况。不要在没有决策权的人身上下功夫。例如，有位销售人员和一个采购经办人沟通了 10 个月，但是一直没能达成交易。最后他了解到，采购大批设备的权力在总工程师的手里，那位采购人员根本没有决策权，后来这位销售人员改变策略，联系上了总工程师，最终做成了这笔生意。

4.语言知识

销售人员应该掌握多种语言知识，语言是销售人员同客户交流的工具，对产品的成功推销有着重要的意义。

5.风土人情

俗话说得好："入境问禁，入乡随俗。"销售人员的足迹遍布世界，所以必须要了解不同民族、不同地区乃至不同国家的风俗习惯，这样才能与各种各样的客户交往，取得他们的信任。这些关于风土人情的知识对于销售人员来说是一种无价之宝。销售人员接触的人越多，去过的地方越多，知识也就越丰富，也就越有利于推销。

没有任何借口

任何一个人都不想失败，都梦想成功。很多人曾经有过很多机遇，但最终却与成功擦肩而过。苦苦思索，却不知道导致失败、妨碍成功的致命误区。其实，这其中的关键就在于"心态"二字——那些心态不好的人总是在逃避困难，而心态良好的人总能找到解决问题的方法。这就是成功者和失败者的区别。

卫城和温良是同一家公司的两名销售人员，同样做着每天外出推销产品谈判业务的工作，两个人之间难免会发生工作上的碰撞。

有一次，卫城约好了一位客户第二天见面，却被温良提前拿下。由于卫城比温良提前进入公司，也作为公司里的老员工，他经常获得老板的夸奖，所以，这一次的业务撞车让卫城很郁闷："居然让一个刚进入公司的年轻人抢了业务，这要传出去还怎么见人，以后还怎么获得老板的器重？"

于是，在每周一次的业务报告会上，卫城想了一个自认为合情合理的理由为自己做了一番解释："对于这笔业务，我并不是没有能力拿下，而是因为第一天晚上没有睡好，精神欠佳，而且小温刚到公司，需要不断进行实践积累经验，所以我是有意让小温去谈这笔业务的。"

但是，卫城并没有从此加倍努力工作，而是在以后的工作中不断地以这样的"解释"将比较难处理的业务推到新员工身上。长此以往，公司的整体业绩开始不断下滑，老板找到卫城谈话："你是怎么搞的，有些非常重要的业务你居然交给新员工去办，他们能谈下来吗？"当卫城还想为自己辩解时，老板紧接着说了一句话："既然这样，那我只需要新员工就够了，你留在这里也没有什么用了，那就请你离开吧。"

事实上，卫城自认为合情合理的解释正是为自己寻找到的推脱重要工作的借口，却忘记了一个非常重要的道理——找借口的人必然失败，只有找方法的人才会成功。日本的零售业巨头大荣公司中曾流传着的一个故事也恰恰对这一观点进行了最好的诠释。

两个很优秀的年轻人毕业后一起进入大荣公司，不久被同时派遣到一家大型连锁店做一线销售员。一天，这家店在清核账目的时候发现所缴纳的营业税比以前出奇地多了许多，仔细检查后发现，原来是两个年轻人负责的店面将营业额多打了一个零！

于是，经理把他们叫进了办公室，当经理问到他们具体情况时，两人面面相觑，但账单就在眼前。一阵沉默后，两个年轻人分别开口了，其中一个解释说自己刚开始上岗，所以还有些紧张，再加上对公司的财务制度还不是很熟，所以……

另一个年轻人却没有多说什么，他只是对经理说，这的确是他们的过失，他愿意用两个月的奖金来补偿，同时他保证以后再也不会犯同样的错误。

走出经理室，开始说话的那个员工对后者说："你也太傻了吧，两个月的奖金，那岂不是白干了？这种事情咱们新手随便找个借口就推脱过去了。"后者却只是笑了笑，什么都没说。

但从这以后，公司里出现了好几次培训学习的机会，然而每次都是那个勇于承担的年轻人能够获得这样的机会。

一流的销售人员只找方法不找借口，三流销售人员只找借口不找方法。正如波兰科学家居里夫人所说："失败者总是找借口，成功者永远找方法。"那么，我们也就很容易理解为什么很多销售人员一直没有做出高业绩，因为他们没有完全发挥自己最大的潜能，没有努力去寻找更有效的方法，而是浪费时间去寻找更多借口。

拿破仑·希尔曾说："找借口掩饰失败和懒惰的习惯一样古老，而且是成功的致命伤！那为什么人们还乐此不疲？答案很明显：这些借口是他们自己创造的！"习惯找借口的人开始沉沦在往复循环地寻找借口的过程当中，本以为可以得到解脱，殊不知再完美的借口对于事物本身也是没有任何用处的，最终只能让自己处于阿Q式的精神乐园中。

找借口不找方法是通向失败的前奏。因为选择借口就是在为自己的失败开脱，借口已经吞噬掉了你所有的理想，像毒品一样感染着你的内心世界，使你只能在原地踏步，甚至后退，继而丧失斗志，极大地阻碍着你发挥潜能。

找借口不找方法是一种让人走进无底深渊的恶习。当你面对问题不是积极、主动地想办法加以解决，而是千方百计地找借口时，这种借口为你带来的暂时性的快感，已经让你迷失了方向，心甘情愿地踏着通向绝境的台阶一步一步走下去。

找借口不找方法是因循守旧、甘愿走向失败的人的选择。不断寻找借口的人在工作中拖沓、没有效率，在生活中没有方向、缺乏激情。他们只会以原有的经验进行判断，以原有的规矩制定标准，以旧有的思维考虑问题。当他们因为找借口没有获得成就时，再去找借口解释这次的过失，而因为再次找借口没有见到成效时，便又去找借口解释……所以找借口变成了这些人唯一的选择和出路。

在实际生活与工作中，人们最常用到的一些寻找借口的说法莫过于："我本来可以"、"我本来能够"、"我本来应该"、"这件事与我无关"、"我怎么知道"……由此可见，无论是什么样的人，无论他在何时何地，只要他寻找借口，通常会选择一些丰富的潜台词作为精彩的开场白。

以培养人才为核心的西点军校无疑是值得广大销售人员学习的典范。美国西点军校有一条严格的军规，即当士兵被军官问话时，只能回答："报告长官，是"、"报告长官，不是"、"报告长官，不知道"、"报告长官，没有任何借口"。

成功的销售人员总在找方法，失败的销售人员总在找借口。找方法可以让一个人的前途无量，这样的人面对困难往往会不推脱，迎难而上、主动破解；这样的人对工作始终充满热情，脚踏实地地做好每一项任务；这样的人无论对生活还是对工作都会尽心尽力，始终保持平常的心态尽心尽职做好每一件哪怕是毫不起眼的小事情。

翻开古今中外成功人物的历史，我们不难发现所有获得成就的、具有影响力的人物身上都存在着一个共同的特征——只为成功找方法，不为失败找借口。那么，我们也应该坚信，当我们不再寻找借口的时候，同样是我们走向成功的开始。

从独立作战到团队作战

在日益激烈的市场经济竞争当中，团队精神被越来越多的人所关注，因为如果我们没有将团队精神发扬光大，内耗比较多，会导致我们的团队不堪一击。而现如今，我们应该加强自己的团队精神，敢于拼搏、积极进取，最终让自己的团队实现团队目标，为公司创造价值。

没有团队精神的团队一样是一盘散沙，作为一名销售人员，如果不能与自己团队中其他成员相互配合，那么，在当前激烈的市场竞争中，是不会有多大出路的。

王明和郭康同在一家企业做销售工作，然后又先后在一年之内同时跳槽出来单干，王明首先创办了一家公司，在经过努力打拼后终于让公司步入了正轨，但是却并没有他想象中那样高速发展，业务也不是太好，除去公司日常开支，公司获得的利润不算太多。

而让王明感到困惑和迷惘的是，和他几乎同时跳槽出来的郭康也成立了自己的公司，却取得了辉煌的成就，于是王明找了个机会，亲自去请教郭康。

"咱们两个人的公司几乎是同时起步的，卖的产品都差不多，而且咱俩的能力也差不多，为什么你能很快地取得成绩，而我还是这样半死不活呢？你有什么好的方法吗？"王明问郭康。

"我不知道你的团队员工是否都很敬业？"郭康问道。

"他们都知道自己应该做什么，并且也都很努力工作。"王明说。

"这还不够，你要知道你的团队是不是都致力于完成整个团队的合作，并且把这些工作都做好了呢？是不是在某个员工或者某一个环节出现困难的时候，整个团队成员都予以帮助了呢？还有，团队成员之间的沟通和协作积极吗？这些都是你要知道并且做到的，并不只是让他们每个人都完成自己的工作就好。" 郭康说。

"如果你想让你的公司做大、做强，就必须拥有一支高效团队，而高效团队是决不能让员工只关注自己的工作，事实上，我感觉你的团队缺乏团队精神。"

王明一听，立刻就明白了，原来自己没有利用好团队的力量，整个团队缺乏一种团队精神，才使得公司效率上不去，无法获得成功。

个人英雄主义的时代早已远去，整体性的团体竞争时代已然到来。一根筷子可以轻易被掰断，十根筷子却可以牢牢抱成一团。企业也是如此，这个道理很多人都懂，就是所谓的团队精神。

近几年，几乎所有公司的招聘简章上都会出现这么一条："善于与同事沟通，有较强的团队合作精神"或者"具有团队合作意识，能够承受较大的工作压力"等类似的要求，无论这个职位是高管还是普通员工，"团队精神"成为了一条通用的标准。

谷歌在一次中层管理人员的招聘会上，有9名应聘者闯进了复试。然而，这次谷歌公司只能录用 3 个人，所以谷歌的招聘官给这 9 个人进行了一次最终考验，他把这 9 个人随机分成了 A、B、C 三组，要他们去调查不同的市场，在调查之前，老总让每个人分别去秘书那里取一份相关的资料。

3 天之后，9 个人交上了自己的分析报告，结果 C 组的 3 个人被录用。原因就是因为 A、B 两组的应聘者只是根据自己的资料去进行市场调查，而 C 组的 3 个人却互相交换资料，然后 3 个人一起去做这份调查。

这位招聘官事后说，之所以会出这样一个题目，最主要的目的就是要考察他们 9 个人的团队合作意识，要知道，团队精神在现代企业中比什么都重要。

有一项调查发现，98% 的企业家都认为团队精神很重要，都喜欢任用有团队精神的人才，还有 79% 的企业家认为，自己的企业内部缺乏团队精神，那么为什么团队精神会如此受到重视呢？

20 世纪 60 年代，日本经济高速发展，企业的国际竞争力位列世界前列，而日本制造在欧美市场也获得了极大的成功，打败了很多欧美本土企业，势如破竹，锐不可当。

这一情况让很多人感到疑惑，"二战"后的美国可以说是财大气粗，为什么会败在日本这个面积还不如美国一个州大的小国手上呢？

美国的经济学家就此问题进行了大量的深入研究，最终得出结论：假如日本最优秀的员工和欧美最优秀的员工一对一的抗衡，日本员工没有胜算。但是如果是 5 个日本员工和 5 个欧美员工对抗，就可以打成平手，如果 10 个日本员工和 10 个欧美员工对抗，欧美员工必败无疑。

这是为什么呢？原来，日本因为国土面积小，资源匮乏，他们崇尚团队精神，员工们对于所属的企业都有很强烈的归属感，企业中的凝聚力特别强。在欧美，如果一个人 3 年不跳槽或不升职，就会被人嘲笑是没有能力，而在日本，有很多人都是终生为一个企业服务，这些人在日本也很受尊敬。因此，日本的很多企业都是很注重团队精神的。

1 加 1 等于 2 不是团队精神，真正的团队精神是 1 加 1 大于 2，这才是团队精神的精髓所在。所以说，销售人员应该努力提高自己的团队精神，与团队中其他成员携手给公司创造一个良好的氛围。那么，销售人员究竟如何培养和提高自己的团队精神呢？

有以下 8 点方法：

1.实事求是。做任何事情都要从实际出发，不可以说谎，有成绩就是有，没成绩就是没有。杜绝报喜不报忧。

2.艰苦奋斗。在工作中肯吃苦，埋头苦干，开拓创新。

3.谦虚谨慎。正确地处理个人和团队的关系，虚心听从其他人的意见，反对居功自傲。

4.团结互助。在工作中互相帮助、共同协作。一个人遇到困难其他团队成员都要积极帮助。

5.主动请战。在艰苦的环境和艰难的任务面前勇于主动请战，挑起大梁。

6.逆境生存。当面对逆境和挫折的时候，永不放弃，敢于在逆境当中磨炼自己和团队，最终完成任务。

7.敢于牺牲。在团队利益当前的情况下，为了团队需要可以牺牲个人利益。

8.追求结果。执行就要结果，要以强者的心态带领团队进行竞争，迎难而上，最终获得胜利。

第二章
换上客户的脑袋，不如抓住客户的心

客户都是理性消费？不，这个想法本身就是错误的。在购买活动中，客户很少以理性思维做决定，更能支配他们的是"心"。也就是说，心理需求是决定购买的首要因素。掌握了客户在购买时的心理活动，满足他们的心理需求，销售的成功率也将大大提升。虽然人的心理活动千变万化、繁复杂乱，但是我们依然可以从中发现一些普遍的购买规律，并以此促进成交。

购买，需要一个理由

《孙子》中说得好："知己知彼，百战不殆。"销售人员在推销的过程中要充分了解客户的购买心理，因为这是促成生意的重要因素。

顾客在成交的过程中会产生一系列复杂、微妙的心理活动，包括对商品成交的数量、价格等问题的一些想法以及如何与你成交、如何付款、签订什么样的合同等行为。顾客的心理活动对生意的成败有着决定性的影响，因此，优秀的销售人员应该懂得重视和揣摩顾客的心理活动。

摩根财团在 20 世纪 40 年代的时候位列美国八大财团的前列，但是谁又能想到，当老摩根从欧洲漂泊到美国时，他却穷得只有一条裤子。后来夫妻俩好不容易开了一家小杂货店。有一次，老摩根发现了一个奇怪的现象，当顾客购买鸡蛋时，如果是他为顾客挑选，顾客就会少买一些，如果是他老婆帮顾客挑选，顾客就会多买一些，这个现象让老摩根十分困惑。后来经过不断的观察和研究他发现，原来秘密就藏在他和他妻子的手指上。

当顾客购买鸡蛋时，老摩根由于手指粗大，所以抓起鸡蛋时就会显得鸡蛋十分瘦小，而当他老婆用纤细的小手去抓鸡蛋时就会显得鸡蛋大一些。弄懂这个道理后，老摩根让自己的妻子以后专职负责销售鸡蛋，摩根杂货店的鸡蛋生意也因此兴旺了起来。

老摩根针对购买者追求廉价的购买动机，利用人们的视觉误差巧妙地满足了顾客的心理需求。其后代子承父业后也深谙经营之道，终于逐步发展，成为了富甲天下的"金融大家族"。

由于人们的购买行为是受一定的购买动机或者多种购买动机支配的。因此销售人员只要研究掌握了这些动机，就好比掌握了扩大销售量的钥匙。

下面就让我们来了解一下顾客常见的 11 种消费心理：

1.求实心理

求实是顾客最普遍的一种心理动机，客户在购物时，首先会要求商品具有实际的使用价值，讲究实用。有这种动机的顾客在选购商品时会特别重视商品的质量效用，会追求朴实大方、经久耐用而不会过分强调产品的外形新颖、美观等"个性"特点。

2.求美心理

俗话说得好："爱美之心，人皆有之。"有求美心理的人往往喜爱追求商品的欣赏价值和艺术价值，以中青年妇女和文艺界人士居多，在经济较为发达的国家比较普遍。这些客户在挑选商品时往往会注重商品本身的造型、色彩、工艺等，会注重商品对环境的装饰、对人体的美化，以便达到艺术欣赏和精神享受的目的。

3.求新心理

有的客户购买商品最注重"时髦"和"新奇"，爱追赶潮流，这种客户大都为经济条件较好的青年，在西方发达国家的一些顾客身上也很常见。

4.求利心理

这类客户会存在一种"少花钱多办事"的心理动机，其核心就是"廉价"。有求利心理的顾客在挑选商品时他们往往会对同类商品之间的价格差异进行仔细比对，还喜欢选择打折或者处理的商品，具有这种心理动机的人往往是那些经济收入较低者。当然，也有经济收入高的却比较节俭的人。有些希望从购买商品中获得较多利益的顾客，对产品的质量、样式都很满意，爱不释手，但是由于价格比较贵，一时下不了购买的决心，便会讨价还价。

5.求名心理

这是一种以购买商品来彰显自己的地位和威望的购买心理，他们多会选购名牌，以此来"炫耀自己"。具有这种购买心理的人普遍存在于社会各个阶层，尤其是在现代社会当中，由于名牌效应的影响，衣食住行选名牌成了人们统一认可的一个标准，是一个人社会地位的体现。

6.从众心理

这是一种仿效式的购买动机，其核心是"不落后于人"或者是"胜过他人"，这类客户对社会风气和周围的环境十分敏感，总是想跟着潮流走，有这种心理的顾客在购买某种物品时并非是急切需要，而是为了赶上他人、超过他人，以此获得心理上的满足。

7.偏好心理

这是一种以满足个人特殊爱好和欲望的购买心理。有偏好心理动机的人喜欢购买某一类型的商品。比如有的人爱养花，有的人爱收藏古玩，有的人爱摄影，有的人爱字画，等等。这种偏好往往同某种专业、知识、生活情趣相关。因此，偏好性购买心理动机也往往比较明智，指向性也很明确，具有经常性和持续性的特点。

8.自尊心理

有这种购买心理的顾客在购物时既追求商品的使用价值又追求精神方面的高雅。他们在购买之前就希望他们的购买行为能够受到销售人员的热情接待。经常会有这样的情况：有的客户满怀希望去购物，一见销售人员满脸冰霜就会转身而去，到别家商店去买。

9.疑虑心理

这是一种瞻前顾后的购物心理动机，他们的核心理念是怕"吃亏上当"。他们在购物的过程中会对商品的质量、性能、功效等持怀疑的态度，怕不好用，怕上当受骗。因此他们会向销售人员询问，仔细地检查商品，并且非常关心售后服务的工作，直到心中的疑虑完全解除才会掏钱购买。

10.安全心理

这种心理的人在购买商品时最关心的就是产品的安全。尤其是像食品、药品、洗涤用品、卫生用品、电器用品和交通工具等，不能出现任何问题，因此，他们会十分注意食品是否过期、药品是否正规、洗涤用品是否有化学反应、电器用品是否漏电、交通工具是否安全等。在销售人员解说、保证之后他们才会放心的购买。

11.隐秘心理

这种人在购物的时候不愿意让其他人知道，通常会采取"秘密行动"。他们一旦选中某件商品而周围没有人关看时他们就会迅速成交，年轻人在购买与性有关的商品时经常会出现这种情况，而一些知名度很高的人在购买奢侈品的时候也会有类似的情况出现。

满足感，不可或缺

其实客户购买东西的动机很简单，归根结底就是为了满足自己内心的某种满足感。如果他所从事的事情或者行动不能给他带来一定的满足感和愉悦感，那么他就会感觉到十分厌倦和烦恼，甚至会感觉到束缚、痛苦。

试想，谁又能够在面对自己从内心都感觉无聊的事情中获得快乐呢？没有内心的满足就无法激发自身的热情，没有热情地去做事自然也无法把一件事情做好。

有一位拥有30年烟龄的人想戒烟，但是无论他使用什么方法，都不能起到很好的效果，总是戒过一段时间之后便开始复吸。很多时候当他烟瘾复发时他就会给自己找出很多理由来说服自己，结果断断续续戒了一年多，非但没有成功反而增加了自己的吸烟量。而他周围的朋友亲戚也是对他苦口婆心地劝说，但是都没有起到太大的效果。

后来，在一位心理学家的帮助下，这个有着严重烟瘾的人居然真的戒烟成功了。那么这位心理学家究竟用了什么样的神奇方法呢？其实办法很简单，心理学家只是给他看了两张照片，一张是不吸烟人的肺，而另一张是因为吸烟得了肺癌的人的肺。看着被厚厚的焦油覆盖和损坏的肺，这位有30年烟龄的老烟枪彻底震撼了，他什么也没有说便离开了，从此之后，他便再也没有吸过烟了。

到底是什么力量，让这个烟瘾如此严重而且屡屡戒烟不成功的人只用了一分钟便下定决心去戒烟呢？那就是看过图片之后这位老烟民对吸烟这种不健康的行为开始发自内心地厌恶，而对不吸烟的这种健康行为感觉到渴望和满意，因此就激发了他戒烟的强烈动机。

从这个故事中我们可以知道，人们可以通过改变某种行为的本身意义来达到改变人们行为方式的目的。从理论上来说，这是完全可以实现的。当某种令人厌恶的行为开始给人带来满足感之后，人们就会接受它并且爱上它。而当某种最初给人带来满足的行为会对人带来一些伤害时，人们就会摒弃它，这就是内心满足感对人们行为动机的激发效果。

对于销售人员来说，如何激发自己的工作热情和如何调动顾客的购买热情是销售工作中最重要的两件事。

销售的工作是十分辛苦的，也是富于挑战的，同时也是会经常遭遇挫折的。因此，如果销售人员总是遭受到挫折而无法正视挫折的话，那么就必然会对销售工作失去热情，会感觉到痛苦不堪，因此不愿意全力以赴地工作，甚至会生出放弃的念头。而如果销售人员能够从这份工作中感受到刺激、满足和挑战，那么他会在这种愉悦的内心体验下激发出自己强烈的热情，做出更出色的成绩。

而面对客户，销售人员如果想要调动起积极性，就要想方设法引发其内心的满足感，让他觉得购买你的商品获得了实惠和愉悦，从而产生强烈的购买意向，主动掏钱来购买你的产品。

总而言之，销售工作并非是你一个人的独角戏，你不仅要激发自己的工作热情，还要善于引导客户的购买热情，否则不管你的产品有多好，如果客户对你的行为产生反感，那么你的产品就肯定无法销售出去。销售人员应该善于发挥自己的心理影响力，以此来调动和改变自己以及客户的行为，促使销售工作的顺利进行。

客户乐于成为"上帝"

从心理学的角度来说，人们做任何事都是为了满足自己各种各样的心理需求，当心理需求得不到满足的时候，人们的内心就会处于"饥渴"状态，就会下意识地去寻找补充途径。

人的欲望是无限的，这些欲望包括物质方面以及精神方面，而且二者是可以并存的。在物质需要得到满足的同时，人们更希望获得心理需求的满足。

人人都渴望被重视，这是一种很普遍的心理需求，作为消费者的客户也不例外。而这种心理需求刚好可以成为销售人员向客户推销自己商品的突破口，以此来攻破客户的心理，促进交易的达成。

渴望获得重视的心理包括两个方面，一方面是希望获得销售人员的尊重和赞美，使自己获得优越感。另一方面是不愿意被别人轻视，他们希望从销售人员谦逊的态度中获得存在感，他们不想被忽视。

对于销售人员来说，市场就是由客户组成和创造的，因为一个企业的产品只有被客户认同才能被市场所认同，从这个方面来讲，顾客就是你的上帝，而客户也乐于成为"上帝"。销售人员可以利用客户的这一心理，巧妙地促使客户购买你的产品。

张勋和李可两人一同去推销自己公司新上市的一种产品，他们都选择了杨经理为自己的推销目标。张勋是先去的，他在进门之后便开始滔滔不绝地向杨经理介绍自己的产品是多么优秀、多么适合他，他还对杨经理说："如果您不买绝对是您的损失"之类的话。但是张勋讲完后杨经理非但没有产生兴趣，反而觉得这个人十分讨厌，于是他很不客气地让人把张勋赶走了。

等李可又来拜访的时候，杨经理知道他们推销的是同一种商品，本来想打发他走的，但是他又想看看这两个人的推销说辞是不是一样，于是他把李可请到了办公室中。李可进来之后没有介绍自己的产品，而是很有礼貌地先说了抱歉、打扰之类的话，然后又对杨经理表示感谢，谢谢他在百忙之中还抽出时间来见自己，还说了一些恭维和赞美的话，到最后才对自己的产品简单介绍了一下。但是杨经理始终是一副特别冷淡的样子，因此他觉得这笔生意大概是做不成了，虽然心里多少有些难过，但是他还是很诚恳地对杨经理说："谢谢您杨经理，虽然我知道我们的产品对您很有帮助，但是我能力太差，没有办法说服您，所以我想我还是不要打扰您了。不过，在告辞之前，您能指出我的一些不足吗，让我有一个提升和改变的机会好吗？谢谢您了！"

此时，杨经理突然露出了十分和善的笑容。他站起来拍了拍李可的肩膀笑着说："你不要这么着急走嘛，哈哈，我已经决定购买你们公司的产品了。"

为什么张勋前去推销就会被轰出去，而李可却能成交呢？这就是一个能否满足客户的心理需求问题了。张勋只会滔滔不绝地介绍自己的产品而忽略了对客户最基本的尊重和感谢，而李可始终对杨经理十分恭敬和礼貌，特别是在自己临走的时候还诚恳地请求杨经理指教，这让杨经理感觉自己受到了足够的重视，从而在情感上也对李可表示了认同，双方自然也谈成了这笔生意。

因此，作为一名合格的销售人员，你一定搞清楚一点，那就是无论从价值链市场的角度来看还是从企业生存的角度去看，客户都是你的上帝。你要想客户一掷千金购买你的产品，首先就应该把客户当上帝来看待。而想要伺候好你的上帝，你首先应该明白上帝的想法——不仅你认为客户是上帝，客户自己也会这么认为。

与渴望重视相对应的就是害怕被人轻视。销售人员也可以通过一些反面刺激来达到欲擒故纵的效果。所以销售人员可以适时、适度地说一些反面的话来刺激客户的自尊心，引发他的自重感，这样他就可能一狠心买下更多更贵的产品，以满足自己被重视的感觉。

聪明的销售人员在面对客户时往往会故意先向他推荐较低端的产品："先生，这是这款商品中最便宜的一种，很实惠，你可以试试。"结果客户一下被激起了渴望重视的心理需求，结果他反而会购买中高档的产品，以此得到销售人员的重视。此时如果销售人员再加上几句"您真有眼光"、"这款产品很适合您"等赞美的话，客户会更高兴地购买，而且有很大概率在日后还会来买你的产品。

当客户提出各种各样挑剔的问题时，有时并非是不想购买你的产品，而是为了满足自己的受重视心理。因此你必须要对你所推销的产品有一个全面的认识，要知道任何产品都不可能是十全十美的，客户总是会挑出毛病的。他们的最大特点就是以自我为中心，或许头脑一热，就会从产品中挑出一个新的问题来大做文章。而此时，他们不会考虑你的难度，只会顺着自己的性子来修改合同，在他们看来你应该满足他们的一切要求。如果客户的要求合情合理，那么你自然要按照客户说的去做。但是如果客户的要求有不合理的地方，就需要你使用一些推销技巧来应对了。如果你遇到了此类客户，不妨试试以下技巧：

1.认真听完客户的要求再做回答

当客户对你提出要求或问题时，你必须要认真地听他说下去，哪怕客户提出的要求再荒唐无理，你也要用心听完。只有这样你才能满足客户的受重视心理，即使你的下一步是婉转地拒绝他，客户也不会觉得你是在敷衍他，而是实在没有转圜的余地。

2.用谦虚的态度否定客户

作为销售人员你要时刻记住尊重你的客户，要用谦虚的态度去让客户觉得你不但是一个推销产品的专家还是一个有修养的人，这样客户才会产生和你进一步沟通的想法，而此时客户也就能够比较容易接受你的意见了。

对多数人的选择深信不疑

"从众"是一种十分常见的社会心理和行为现象。也就是人们常说的"随大溜"。大家都这么认为，那我也这么认为；大家都这么做，我也去跟着这么做。在消费中这种从众心理也是十分常见的。因为人们都喜欢凑热闹，当看到别人成群结队购买某件商品时，人们往往也会毫不犹豫地加入这支抢购大军中去。

美国心理学家詹姆斯·瑟伯曾经写过这样一段话来描写人们的从众心理：

突然，一个人跑了起来，也许是他猛然想起了与情人的约会，现在已经迟到很久了。不管他想些什么吧，反正他在大街上跑了起来，向东跑去。另一个人也跑了起来，这可能是个兴致勃勃的报童。第三个人，一个有急事的胖胖的绅士，也小跑起来……10分钟之内，这条大街上所有的人都跑了起来。嘈杂的声音逐渐清晰了，可以听清"大堤"这个词。"决堤了！"这充满恐怖的声音，可能是电车上一位老妇人喊的，或许是一个交通警察说的，也可能是一个男孩子说的。没有人知道是谁说的，也没有人知道真正发生了什么事。

但是2000多人都突然奔逃起来。"向东!"人群喊叫了起来。"东边远离大河,东边安全,向东去!向东去!"

由此看来,从众心理对人们的影响确实非常之大,那么是什么造成了人们的从众心理呢?原因是多方面的:

1.不愿标新立异

个体都不喜欢自己和别人不同,因为这样会产生孤独感,而当他的意见和行为与别人完全一致的时候,他就会产生一种"没有错"的安全感。

2.群体的压力

从众的主要原因就是来源于群体对个体的无形压力,如果你不和群体保持一致,大家就会排挤你,就会孤立你,所以就会迫使一些人违心地做一些和自己意愿相悖的行为。

不同的人从众行为的程度也不一样,心理学家总结发现:一般来说,女性从众现象多于男性;性格自卑敏感的人从众行为多于外向大方的人;受教育程度低的人从众行为高于受教育程度高的人;年龄小的人从众行为大于年纪大的人;社会阅历少的人从众行为多于社会阅历丰富的人。

那么销售人员是否能够利用这种心理来帮助自己推销产品呢?答案是肯定的。销售人员可以吸引客户的围观,制造热闹的行情,以此来吸引更多的客户参与,从而制造出更多的购买机会。例如,销售人员经常会对客户说"这款商品卖得挺好的,反响很不错"、"很多您这个年纪的人都特意来购买我们的产品的。"类似这样的言辞就是巧妙地运用了客户的从众心理,使客户从心理上得到一种安全感和依靠感。

即使销售人员不说,有些客户也会在销售人员介绍商品时主动询问"都有谁购买了你们的产品?"这句话的隐藏含义就是说,如果购买你们产品的人多我就会考虑考虑,这也是一种从众心理。

利用客户的从众心理又被称为"推销的排队技巧"。比如,某个商场门口排起了很长的一条队伍,那么其他从商场经过的人就会很容易加入排队的队伍中。因为客户们看到这种场景时脑海中第一个念头就是:那么多人围着一件商品,一定是好东西,所以我绝对不能错失机会。这样一来,排队的人就会越来越多,但是事实上,这些人中真正有着明确的购买意图的人却寥寥无几,人们不过是在相互影响,但是人们认为其他购买者总是比推销员可信的。只要销售员抓住客户这种心理,在销售时刻意营造出一种"火爆"的气氛,利用客户的从众心理来影响人群中的敏感者去接受产品,从而达到整个人群都接受产品的目的。

由此可见,从众对销售过程真的有着无与伦比的影响力,销售人员只要运用好这一效应那么肯定会大大提高自己的销售业绩。

当然,利用客户的这种心理的确可以提高销售业绩,但是也要注意职业道德,不要靠拉帮结伙去欺骗顾客,否则结果会适得其反。

人人都爱做贵宾

VIP 是"Very Important Person"的缩写，翻译成中文的意思就是"贵宾、高级会员。"这是一些商家鉴于激烈的市场竞争而想出的一种经营方式。

一旦成为某家商场或者某个品牌的 VIP 之后，人们就可以享受一些特有的优惠或者是折扣，VIP 还包括一些返利、提前预约、免费停车等特殊权利。不仅如此，有时候人们办理一张 VIP 卡并非是想要获得更多的实惠，而是一旦成为某个商家的 VIP 会员，就会觉得自己特别有面子，可以说 VIP 已经成为了一种身份和地位的象征。

王小姐经常去一家饭店消费，于是，饭店的老板向王小姐推荐该饭店的 VIP 会员卡业务。王小姐考虑了一下之后觉得十分划算，就马上办理了一张会员卡。

有一次，王小姐请几位大客户在那家饭店吃饭，吃完饭后王小姐叫来服务员结账，她出示了自己的会员卡，服务员接过去一看，发现是老板亲自签名的会员卡，立刻笑容满面，不仅酒水按 7 折算，连饭菜也打了 8 折，让她省了不少钱，而且后来老板还亲自送来了一盘水果，说算自己请客，希望他们下次光临，这让王小姐觉得自己在客户面前很有面子。

任何人都有虚荣心，有人说，你有了VIP卡才证明你具备了一定的消费能力。现在越来越多的商家开始为客户办理VIP卡，用打折、返利、积分等优惠活动来吸引顾客消费，同时也给予顾客实惠。

到如今，VIP卡的形式已然从商场跨站到了各种各样的小商户中，其种类也是多种多样。据调查，有23%的人办理VIP卡是为了满足自己的虚荣心，26%的人是因为推销员的推销而办理的，还有15%的人是抱着"别人有我也要有"的心理办理的VIP卡。这个调查说明，所有的客户都想要获得VIP待遇，而推销的成功与否就在于你能否抓住客户的这种心理。

厌恶上当，最烦成为冤大头

在销售的过程中总是存在着这么一个问题，即客户对销售人员大都会存在一种不信任心理，他们认为从销售人员那里获得的讯息往往会有着不同程度的夸大和虚假，甚至还会存在一些欺诈行为。因此，很多客户在与销售人员打交道的过程中认为销售人员的话可听可不听，往往不会太在意，甚至会抱着逆反的心理与销售人员进行争辩。

因此，如何在销售中有效地消除顾客的顾虑对销售人员来说是必须要掌握的知识和技能。因为聪明的销售人员都知道，如果不能从根本上消除客户的顾虑，交易就很难成功。

客户之所以会对销售人员产生戒备和顾虑，或许就是因为他们在之前的生活经历中遭遇过销售欺骗，或者是买来的商品让自己大失所望。还有可能是从新闻、网络等渠道看到一些有关客户利益受到损害的故事。因此，客户们往往对销售人员心存防备，尤其是一些主动上门推销的推销员，他们更不愿意与这些人接触。

有一位顶尖的销售员曾经说过："作为一名推销员，你要打动的不是客户的脑袋，而是他的心。因为心是离钱包最近的地方，是客户的感情储存地，而脑袋则是顾客的理智，而有时候，感情往往会凌驾于理智之上。"

没错，当今社会飞速发展，在经济不断飞跃的过程中也滋生了一些骗子，许多人都深受其害，而骗子的骗术很可能会仿效销售人员的销售模式，客户在看到销售人员的时候就容易联想到一些被骗的痛苦经历，因此他们会觉得所有的销售人员都是骗子，于是潜意识中排斥那些销售人员。

客户不会把大把的时间浪费在辨别销售人员真伪身上，因此他们干脆把所有的销售人员都归入"骗子"的行列，遇到销售人员就躲着走，害怕自己上当受骗。

有位在影楼工作的王小姐说："很多客户来了又走，走了又来，挑挑选选之后放下话：'你给我打折我就在你这里拍！'我们这个行业究竟是怎么了？如果客户去的是一家饭店，恐怕他就不会说'你给我打折我才在你这里吃，否则我就去另一家'这样的话了，如果他真的这样说，别人恐怕也会当他是神经病了，但是在我们这里，不讨价还价的人反而像有问题……"

其实究其原因，客户讨价还价还是因为怕上当受骗，因为影楼给客户们的印象是一个暴利行业，因此即使你报出底价，客户也仍然会觉得你还有很大的利润可赚。

而客户之所以会产生这样怪异心理的原因就在于那些商家做促销做得有些过分，比如原价 10000 元的产品没几天就打折优惠，只要 2000 元就可以买到，或者随便找个理由就开始搞 8 折优惠。此时客户肯定就会想：突然降价这么多，这个产品的原价肯定不超过几百块。看来他们平时宰了不少冤大头，我可不能上当。客户一旦产生了这种心理，就会产生你给的价格越低，他越怀疑的现象。

客户们看重的是质量好、价格优的产品。如果客户刚从你的手里买了商品，转身到你的竞争对手那里一看，你卖给他的商品在他那里只需要一半的价格就能买到，你从此就会成为反面教材，"奸商"一类的帽子就稳稳地扣在了你的脑袋上。

很多客户都害怕上当受骗，面对销售人员，他们表现得十分小心谨慎，浑身上下都充满了警惕，对销售人员说出的每一句话都进行仔细思考，生怕被销售人员带入"陷阱"。面对这种客户，销售人员一定不要急于求成，因为你说得越多，客户的疑心反而越大，曾经被骗的经历使他们会对眼前的你产生不信任的感觉。你一定要学会找出他对你保持警惕的原因，想办法消除他的警惕，让自己成为客户的朋友，这样客户才会信任你。

通常，客户害怕上当被骗的心理会让你们产生沟通障碍，但是同时也会给你带来很大的机遇。这种客户往往是想买产品，但是他们却希望你能把价格一降再降，所以会找到同类产品是如何优惠的话来刺激你。而你在与客户交谈时应该给客户传达这样一种信息：任何产品都不可能在所有方面都做到完美。你要告诉你的客户购买你的产品会得到什么好处，以此来满足顾客的需求和打消他的顾虑。如果有什么优惠打折活动，你也一定要提前通知客户，把利益的重心放在客户身上，让客户觉得自己是"赚到了"，而不是"被骗了"。

还有很大一部分客户担心的是商品的质量和功能，对产品本身没有太大的信心，此时，你不妨直接告诉客户你销售的产品的缺点，这比顾客自己来发现好得多。因为这样一来客户就会对你产生信任感，觉得你是个诚实的人，因为你没有隐瞒产品的缺点，而人们都乐于与诚实的人交流，客户自然也不例外。

而且，直言产品的缺点还会让客户觉得你十分了解他，把他想要问的话提前回答了，这样一来，他的疑虑自然就会减少。

最后，销售人员直言产品的缺点还可以避免与客户发生争论，使你与客户的关系由被动防御变成积极进攻，从而促成这次交易。

销售人员在推销产品的过程中应尽自己最大的努力去消除客户心中的顾虑，要让他们觉得自己购买这件商品物超所值。因此你首先要做的就是向客户保证，他们的购买动机十分正确，而且钱也会花得很值得；而且，购买你的产品是他们在价值、利益等方面的最好选择。

在销售过程中，客户心存疑虑是一个很普遍的问题，如果销售人员不能正确地解决这一问题，销售工作就会很难打开。因此，销售人员一定要努力打破这种被动的局面，善于巧妙地化解客户心中的疑虑，让顾客放心大胆地购买自己想要的产品。顾虑是心与心之间的一道鸿沟，只有填平它，销售人员才能成功地到达交易的彼岸。

一定追求的"性价比"

在推销界流行着这么一句话：客户要的并非是便宜，而是要感觉到自己占了便宜。客户只要有了占便宜的感觉，就会很容易接受你的产品了。

客户想占便宜的心理给销售人员带来了机会。比如一些人在购买衣服时，常常会用不降价就不买来"威胁"销售人员，于是销售人员最终还是妥协了，告诉顾客"别告诉别人我这个价卖给的你啊，我不赚钱的。"或"今天这是刚开张，就给你便宜点吧，算我图个吉利吧。"于是顾客自以为独享到了这种低价而满意离去。这种情况其实并不少见，聪明的销售人员总是能找出理由让顾客觉得自己占了便宜。由此我们不难看出，其实大多数客户对产品的实际价格并没有研究，他们只是想买一些更便宜的产品。

那么，销售人员该如何做才能让客户觉得自己占了便宜呢？你不妨去看看商场中那些最畅销的产品，它们通常不是一些知名的大品牌，也远非是那些价格最低的产品，而是那些促销"天天有，周周换"的商品。促销的本质就是让客户有一种占便宜的感觉。一旦某些以前很贵的产品开始促销，人们就会争相购买，因为他们觉得自己买到了实惠。

物美价廉永远是大多数客户追求的目标，没有人会说："我就是喜欢花更多的钱买同样的东西"，人们总是希望用最少的钱来买到最好的东西，这就是人们喜欢占便宜的一种生动表现。

我们也可以把占便宜看作一种心理满足。客户会因为用比以往便宜得多的钱而购买到同样的产品而感到愉快和兴奋。销售人员应该懂得客户的这一心理，用价格上的差异来吸引客户。

有这么一个故事，在古代时有一家卖衣服和绸缎布匹的店铺，在店中有一件十分珍贵的雪貂皮大衣，定价 2000 两银子，因为价格太高，所以一直没有卖出去。后来这位店中招来了一位小学徒，这位学徒说他能够在一天的时间内把这件雪貂皮大衣卖出去，掌柜不信，因为这件衣服在店里已经挂了一个月了，人们大都是问问价格便走了，他一个新来的学徒怎么可能在一天时间内卖出呢？

但是小学徒要求掌柜听他的指挥，他对掌柜的说无论谁问这件大衣多少钱掌柜一定要回答 3000 两银子。掌柜觉得这个要求十分莫名其妙，因为 2000 两银子都卖不出去，更何况 3000 两银子，但是他心中好奇，也就答应了小学徒这个要求。

两人商量好之后，小学徒在前面照看门面，而掌柜的在后台算账，上午基本没有什么客人来，到了下午，店中来了一位姑娘，她在店中转了一圈后看中了那件雪貂皮大衣，她问小学徒："这件大衣多少钱？"

小学徒假装没有听到，继续自己忙自己的，姑娘又大声地问了一遍，小学徒这才反应过来。他对姑娘说："不好意思，我是新来的，耳朵有些背，这件大衣的价格我也不太清楚，我去帮您问问掌柜。"

说完后他就冲着后堂大喊了一声："掌柜，那件雪貂皮大衣卖多少银子啊。"

掌柜回答说："纹银3000两，一分不少。"

"多少钱?"小学徒又问了一遍。

"纹银3000两，一分不少!"掌柜又大声说了一遍。

此时姑娘已经听到了价格，她觉得太贵，于是不准备买了。而此时小学徒憨厚地对姑娘说："掌柜的说了，纹银2000两，一分不能少。"

姑娘一听顿时心花怒放，她认为肯定是小学徒耳背听错了，这意味着自己能够少花1000两银子买到这件衣服，于是她欣喜异常，又害怕掌柜出来就不卖给她了，连忙付钱拿了衣服就匆匆离开了。

就这样，小学徒轻松地把这件滞销的雪貂皮大衣按照原价卖了出去。

这位小学徒其实就是利用了这位姑娘的占便宜心理成功把衣服卖了出去。而销售人员在推销自己的产品时也可以利用顾客的这一心理，用价格的悬殊对比来促进销售。其实很多世界成功的销售人员都经常利用顾客爱占便宜的心理来促成自己的生意。

优惠促销是推动销售的最佳办法之一，因此优惠政策就是你抓住顾客心理的一种推销方式。大多数客户只会看你给出的优惠是多少，然后和你的竞争对手进行对比，如果你没有让客户觉得满意和实惠，那么顾客自然会离你而去。因此，你在推销的过程中不仅要注意商品的质量，还要注意满足客户这种想要优惠的心理需求。

但是，优惠也不过是一种推销手段，说到底就是用小利益来换大客户，你还是有利可图的，不然商场中也不会总是出现"买就送""节日酬宾"等活动了。当然，在进行优惠的同时，你还要给客户传达这样一种信息：优惠并非是天天都有的，你十分幸运，得到了这次机会。这样一来，客户的心理才会得到更多的满足，他们才会更愿意购买商品。

即使你推销的产品在某些方面有些缺陷，你也可以通过某些优惠让利使客户满意而归。如果客户对你的产品提出了意见，你千万不要直接否定你的客户，而是要正视产品的缺点，然后用产品的优点来弥补这个缺点，也就是人们常说的"取长补短"，这样一来客户就会觉得心理平衡。同时也会加快购买的速度。比如客户对你说："你们的产品质量不如你们的竞争对手。"作为销售人员的你可以这样回答客户："我们的产品质量或许比他们差一点，但是我们的价格却比他们低一成，而且我们的产品使用起来和他们的产品并没有任何区别，因此我们产品的性价比更高呀。"这样一来，你的价格优势就会让客户产生购买的欲望。

选择总与"自己"有关

学过市场营销的人都知道，把握好顾客的心理能够有效地帮助推销成功，他们也都深知其实每位顾客都非常关心自己的那份利益，很多顾客甚至会为了掩饰自己想要获得利益的心理而刻意说一些掩饰的谎言，以此来掩盖自己的真实目的。

在一次大型日用品展销会上，一家生产洗发水的公司的展位十分偏僻，参观者寥寥无几。后来，该公司的经理急中生智，第二天就在展会的门口散发一些小卡片，这些卡片上写着："凭此卡片可以在本公司展位上领取洗发水一袋"。结果，该公司的展位被包围得水泄不通，而且这种情况接连持续了5天，直到展会结束。而迅速带来的人气也为这家公司招揽了许多生意。

这家洗发水公司之所以能够获得成功，原因就在于他们抓住了客户们只关心自己利益的心理，以对客户小的恩惠换来巨大的人气和回报。

其实这种关心自己利益的心理也是一种重视自我的心理，它有两层含义，第一层就是对自己的关心和保护，第二层是希望得到别人的关心和重视。因此，在消费的过程中顾客也会存在这样的心理，首先他会特别重视商品对本身的价值和作用，同时也希望能够得到推销人员的关心和重视，如果产品十分优秀，而且销售人员对自己又表现出了足够的关心，那么客户就会很高兴地购买这一产品。

而事实上，很多销售人员只关心自己的产品是否能够卖得多、卖得好，只会一味地夸赞自己的产品是多么优秀、品质是多么好、价格是多么低廉，他们从不考虑这件商品是否真的适合客户，客户究竟喜不喜欢。这样一来给客户造成的感觉就是你只关心自己的产品，只注重自己能够获得多少利益，对他和他的利益丝毫不关心，客户的心理需求没有得到满足，因此毫不犹豫地拒绝了你的推销。

有位金牌销售说过一句话："推销是一种压抑自己的情感来满足他人欲望的工作。因为推销人员不是卖自己喜欢的产品，而客户却是买自己喜欢的产品，换句话说，销售人员是在为客户服务，让他们满意，并从中获得利益。"因此，销售人员在推销的过程中一定要记住，推销最重要的是客户而不是自己。"客户至上"才是销售人员应该遵循的基本原则。能否站在客户的立场上为他着想是决定销售成败的重要因素。

小王和小李两个人来到同一个客户家里推销自己公司的产品。小王先进入了客户的家中，他一进来便开始滔滔不绝地介绍自己公司产品有多么好、多么畅销，如果不买的话会是多么可惜，但是客户却在他还没说完时就打断了他说："不好意思，我知道您的产品很好、很畅销，但是我没有兴趣，因为他不适合我。"小王听完只好尴尬地笑了笑便离开了这位客户家。

当小李进入这位客户家推销时却又是另外一种情况。小李来到了客户家中，一边和客户说话一边观察客户家中的布置，揣度客户的生活品位和档次，并且很有礼貌地和客户家的小孩打招呼，客户的儿子对这位陌生的叔叔十分好奇，于是便一直缠着小李给他讲故事。小李一边逗这位小朋友一边向客户介绍自己的产品，而且在开始介绍前先询问了客户对这类产品有什么要求，并且仔细地为客户分析购买产品能够带来什么样的利益，比如会为客户省下多少开销。而到了最后小李也没有把自己的产品推销给客户，而是说公司即将推出的一款新型产品或许会更适合他，因此希望客户能等一等，自己过一段时间再来。

小李的一番话让客户十分感动，因为小李切实地从这位客户的立场出发，为客户考虑了很多，对客户表现出了自己真诚的关心和重视，使客户得到了真正的利益，而且赢得了他们全家的信任。

当小李再一次来到客户家中的时候他还给那位小朋友带来了一件小礼物。小李受到了客户的热情款待，而且两人顺利签下了订单。此后，小李和这位客户建立了长久的合作关系，这位客户经常会请小李到家中吃饭，同时也从他那里购买了许多产品。

通过上面的例子我们不难发现，客户其实十分需要销售人员的关心和重视，而且他们更希望能够得到适合自己的、能给自己带来利益的产品和服务。如果销售人员能够真心实意地为客户考虑，让客户感受到自己的关心，那么客户肯定会和你达成交易，甚至会与你建立长久的合作关系，实现彼此的"双赢"。

因此，让客户满意的根本就是要让客户感觉到你是在为客户谋利益，而不是为了获得他口袋中的钱，这样才有助于打破彼此之间的隔膜，促进销售的进行。

越推销，越拒绝

你在推销产品的过程中是否遇到过这样的情况：你越是苦口婆心地把某件商品推销给客户，那位客户就越会拒绝。其实，这就是人们的逆反心理在作祟。

那么，是什么原因导致客户产生逆反心理的呢？其实激发客户逆反心理的直接原因就是销售人员的阻止。例如，当一位客户对某件产品十分感兴趣的时候，他想要上前摸一摸产品，但是此时销售人员走过来说："不好意思，我们的样品是禁止触摸的。"这时候客户的心里就会立刻变得反感，他们会想：有什么好的，不让摸拉倒！于是扭头离开了。这就是客户的好奇被销售人员阻止而导致的客户逆反心理。

还有，当客户的心理需要得不到满足的时候他们反而会更加急迫地想要满足这种需要。因为心理学家发现，愈是得不到的东西，人们愈加觉得珍贵。所以想办法提高人的期望值和难度，是促使人们向拥有某种东西而努力的简单办法。

还有一点容易引起客户逆反心理的原因就是对立情绪，因为客户一般会对上门推销的销售人员抱着警戒的态度，会下意识地对其产生不信任感，这样一来，销售人员把自己的产品说得越好，客户就会越觉得是假的；而销售人员越热情礼貌，对方就会越觉得其中有阴谋，对方只是为了骗自己钱而已。

例如在销售的过程中，很多销售人员为了尽快拿到这笔订单而一味地穷追猛打，以为通过不断地疲劳轰炸就可以说服客户，但是结果却起到了反作用，使客户产生了逆反心理。因为销售人员在与客户初次接触的时候客户多半会怀有戒心，如果此时你只会一味强调自己的产品如何优秀，客户反而会更加警惕，他们会因为害怕上当受骗而直接拒绝。

那么，如何避免客户出现逆反心理呢？不妨先了解一下客户在消费过程中出现逆反心理的几种表现形式：

1.反驳

客户在产生逆反心理后会故意针对销售人员的观点进行反驳，让销售人员知难而退。

2.沉默

当销售人员滔滔不绝地介绍产品时，客户始终保持沉默，态度也十分冷淡，不提出任何意见也不发表自己的观点。

3.高人一等

不管销售人员说什么，客户都会以淡淡一句话"我知道"来回答，意思就是，我都知道了，你不用介绍了。

4.断然拒绝

当销售人员向客户推销时，客户会十分坚决地说："我不需要你们的产品，请不要打扰我了。"

很多销售人员都不懂得照顾客户的逆反心理，在销售的过程中总是自顾自地介绍自己的产品，丝毫没有看到顾客在旁边已经大皱眉头，结果只能被客户一次又一次地拒绝。

　　道尔斯先生的汽车已经使用了很多年，经常发生故障，道尔斯先生决定购买一辆新车，这个消息不胫而走，于是有很多销售人员都来到了道尔斯先生的家里向他推销自己公司的汽车。

　　每一位销售人员来到道尔斯先生这里都会先介绍自己公司的轿车性能是多么好，多么适合他这样的成功人士，甚至有一位销售人员开玩笑着说："您的那台老爷车可真不配您的身份。"而这样的话无疑让道尔斯先生心生不爽。

　　销售人员的不断拜访使道尔斯先生感觉到十分不爽，同时也激起了他的防御心理，他心想：哼，这群家伙只是为了从我这里赚到钱，还说一些不堪入耳的话，太讨厌了，我就是不买，让他们见鬼去吧！

　　不久之后，又有一名销售人员登门拜访，道尔斯先生心里想：不管他怎么说我都不会购买他的汽车的，我是坚决不会上当的。但是这位销售人员拜访后的第一句话却是："我看您这部老爷车还不错，起码还可以再工作几年，现在换就有些可惜了，我看我还是过一阵子再来吧！"说完给道尔斯先生留下了一张名片便离开了。

　　这位销售人员的做法和道尔斯先生所想象的完全不同；而他之前给自己建造的心理防线也一下子失去了意义，因此他的逆反心理也渐渐地消失了。而后，他还是觉得自己应该换一辆新车，于是在一周后，道尔斯先生拨通了那位销售人员的电话并且向他订购了一辆崭新的汽车。

逆反心理既会让客户拒绝购买你的产品也会促进顾客主动购买你的产品。而例子中的销售人员就是利用了逆反心理积极的一面，消除了客户的警惕，从而使他主动地购买了自己的产品。

逆反心理支撑着人们做出一些与常规相反的意识和行动，但销售人员拒绝客户购买某件商品的意图时，客户往往会坚持要购买来用，结果最后客户自己把自己说服了。

因此，你在向客户推销自己的产品时一方面要避免激发客户的逆反心理使其拒绝与自己进行交易。另一方面，你还要学会利用客户的逆反心理，引发客户的好奇心，让客户产生强烈的购买欲，你不卖给他，他却偏要买。从而从正反两面来调动客户的购买积极性，促进自己销售工作的成功。

第三章
推销，因"客"而异

千人有千色，客户亦然。在购买活动中，客户的习惯、渴望得到的服务各有不同。如果你用错了推销的方法，那么原本想要购买产品的客户很可能就此放弃，甚至因此而不再购买你的任何商品。所以，摸清客户的类型，有针对性地为客户提供商品的信息与服务，是顶尖销售必备的技能之一。

对一般型客户，物美价廉是王道

现阶段的国家经济已经由卖方市场逐渐转型为买方市场。而一个销售人员能否创造良好的业绩，关键在于是否能赢得顾客的忠诚和满意，能否满足顾客的需求，而了解顾客，才会了解顾客的需求。

1.客户是销售人员重要的相关方。

2.顾客不一定需要某位销售人员，但是销售人员一定需要顾客。

3.顾客影响着销售人员和企业的兴衰。

4.顾客不是业绩报表中的数字，而是富有感情和感受的人。

5.销售人员的最终目的便是满足顾客。

6.顾客是上帝。

7.销售人员最终的服务对象是顾客。

8.顾客可以随意更换销售人员。只有给予顾客最好的招待才有可能使他成为回头客。

9. 销售人员的销售策略要有弹性，因为每个人的需求是不同的。

从上述几点可以看出顾客是销售人员提升价值的根本，而摸清顾客的心理则是销售人员使顾客满意的前提。大部分客户的需求类似，他们一般以满足基本要求为目的，这样的客户我们可以称之为"一般型客户"。下面是销售人员应该明白的一般型顾客的 3 个需要和 1 个不需要，这有助于销售人员摸清一般型顾客的心理。

1.需要质量

顾客的消费观自古讲究"物美价廉"，由此可见获得顾客满意的一个重要因素便是产品的质量是否经得起检验，因此，质量是企业生存和发展的先决条件。

对于顾客来说，质量是商品的特殊品质，是区别产品优劣的依据。好的产品质量好，不仅可靠、精密、耐用，而且能给顾客带来舒适感，而海尔则是一个十分注重客户需求的企业，从海尔的故事中，销售人员可以学习到一些满足客户需要的知识。

在改革开放初期，产品严重缺失，而海尔为赢得消费者的信赖，为保证海尔冰箱的质量，海尔董事长不计本钱，抡起大锤砸冰箱，满足了消费者对于质量的需求，因而海尔才能在如此困难的年代得以存活。

20 世纪 90 年代，产品供给基本充足，顾客更多追求更高层次的享受，为满足消费者的需求，海尔再次进行创新，产品向多元化、个性化、智能化发展，最终再一次赢得消费者的信任和青睐。

进入互联网时代，顾客的需求再一次发生转变，而海尔也从单一产品的制造商转型为满足顾客美好居住愿望的服务商，这样的转变再次跟上了时代的脚步，海尔再一次赢得顾客的追捧和热爱。

海尔并不是一门心思关起门来搞研究，而是能因顾客的需求而转变，满足顾客需求是其能长久的原因。海尔之所以能够洞察顾客的心理，原因在于有专业的顾客调研团队，洞察顾客的心理和需求变化。另外，海尔的营销网、服务网、物流网等都可以实现与顾客的零距离沟通交流，能挖掘出顾客对于质量的潜在需求，并及时转变，进行产品升级、质量升级。

比如，通过调查发现年轻顾客对甲醛的问题很敏感，于是海尔便采取先进技术，推出了除甲醛空调，这种空调一上市，便受到了消费者的好评。这款空调不仅免去了甲醛所存在的危险，而且获得了顾客满意度。

2.需要服务

美国通用公司前 CEO 杰克·韦尔奇曾说："服务就是一切。"服务的好坏直接影响着顾客对于企业的第一印象，如果第一印象不好，即便产品质量再好，消费者也会毫不犹豫抬脚而去。顾客购买东西时，注意的不仅仅是产品的质量还有优质的服务。

海尔长久的另一秘籍就是服务。说起服务很多人的印象或许只停留在"热情的接待""维修"或者是"售后服务"、热情的接待、维修和售后服务优良是理所当然的，这是企业的门面，如果这些控制不好，就谈不上吸引顾客了。

但是服务仅仅只是这些吗？海尔人却不这么想，海尔人认为：服务就是发现需求并满足它。"送冰箱"事件便是对这句话最好的解释。海尔总是在众人的需求无法被满足时脱颖而出满足众多消费者的需求。

欧洲设计的卡萨帝意式的海尔冰箱在中国上海率先上市，这款专门针对欧洲消费者设计的抽屉式冰箱，在上市前便荣获德国"红点至尊大奖"，上市后又获得欧洲权威——欧洲工艺技术、体育运动和生活时尚等行业创新产品的大赛 PLUSX 大奖，同时赢得了欧洲经销商和消费者的认可。这款冰箱在美国上市后，同样引起一系列的轰动，《商业周刊》与美国工业设计师协会共同授予它"最佳产品设计奖"。

海尔这款卡萨帝意式冰箱是专门为满足顾客需求而设计的，而其研发的过程就是对服务最好的演绎。在这款冰箱上市以前，欧洲冰箱都是拉门设计，但是海尔的研究团队在经过一系列的市场调查之后，却发现当地消费者更倾向于抽屉式的设计，因为欧洲的厨房设计大多是抽屉式，这也是这款抽屉式冰箱在欧洲受到热烈追捧的原因，这款冰箱凭借节能减排的优势，获得了英国政府的节能补贴 20~70 英镑（260~930 元人民币），更有利于促进消费者的购买。

对于海尔来说，服务是从产品企划到研发、生产、售前、售后等一系列流程都围绕如何满足顾客需求而开展工作。简单来说，服务就是贯彻始终为顾客负责的行为，对消费者的潜在需求努力挖掘，并为其提供解决方案，力求做到最好。犹如卡萨帝意式冰箱的研发，如果没有对欧洲生活方式的调查和尊重，就不会有该冰箱的研发和热卖。

因此，好的服务是懂得消费者的需求并满足消费者的需求，懂得为消费者负责，而不只是单纯的售后服务。

3.需要环境

环境会在无形之中影响着人们的心情，比如天气，天气晴朗的时候人的心情会不由自主地愉悦，一旦天气潮湿闷热，人便会烦躁不安。当然，这些影响有时只是细微的，有时不易察觉，但是环境影响人的心情，这是千真万确的。

消费者往往都有这样的心理，就算是多花些钱，也愿意去那些让他们感觉舒适的地方享受更好的服务，而不愿意在人声嘈杂、环境恶劣的地方停留。因为好的环境会让人感觉舒适，神清气爽，内心的满足会让他们不计较金钱上的得失。

而让顾客感觉温馨、舒适的环境，也会拉近顾客与销售人员之间的距离，增加顾客的归属感，使其放松心理戒备，说出自己的真实想法和需求，有利于交易的顺利达成。

环境包括大环境和小环境，大环境是指进行交易的场所，比如商场、店铺、餐馆甚至是办公室、会议室等，小环境是指销售人员与顾客之间营造的一种氛围，如得体的举止、适体的衣着、热情的言谈等。小的环境可以根据说话人的态度自行控制，可以自行建立舒适和谐的环境，这些都可以对产品的销售起到促进作用。比如餐厅是供人吃饭的地方，如果太过邋遢和脏乱自然不会有人光顾，如果餐厅环境十分优雅、舒适并且配有轻柔的音乐来舒缓人的神经，服务生干净、利落，态度热情、礼貌，并且招待周到，自然顾客吃得舒心、放心，流连忘返。海底捞就是一个很好的例子。

即使在 6 月天，依然有客人在海底捞排队等待吃饭，很重要的一个原因便是其环境好，服务周到。不管干什么工作最让人不能忍受的便是等待，但是在海底捞你丝毫不会觉得等待乏味，相反还有一丝的惬意。

大多餐馆的等位区只是方便客人等待的临时休息场所，而海底捞的等位区实际上相当于一个招客区，在这里你可以美甲、上网甚至还有擦鞋服务，也可以享受免费的茶水、零食、饮料，海底捞的等位区的环境丝毫不亚于正式就餐区。这是海底捞如此红火的一个很重要的原因。

作为一名销售人员，只考虑自己赚钱，生意是不会长久的，要想生存，就要想方设法在环境上下功夫，营造一个贴心、舒适的环境，让客人享受宾至如归的感觉，并让其想再次享受，只有这样才能拥有长期的客流，将生意做大做好。

4.顾客不需要什么

美国纽约唐人街有一家酒店，刚开张时生意还算红火，但是没过多久便门庭冷落，老板思考再三就是不知其原因。酒店的硬件、软件设施都是一流的，那么是什么问题导致现在这种情况呢？

有一次，一位富商宴请伙伴在此聚餐，老板顿时受宠若惊，频频向客人敬酒，使出浑身解数拉近与客人之间的关系，想要将这位客人变成自己的常客。但是一旁的服务生相比之下显得冷淡很多。当富商走后，服务生忍不住叫住老板说："这样下去，我们迟早会倒闭的。我敢打赌，刚才走掉的那伙人以后不会再来了！"

"你这么肯定，那你有什么办法？"老板问。

"让我做一个月的主管，在此期间不要干涉我管理的事情。"小伙子说。

"如果一个月内，他们真的没来我便答应你的提议。"

一个月过去了，小伙子如愿当上了主管。时间一天天过去，老板暗中观察，发现小伙子对任何客人都只是微笑，从不和客人过多的攀谈，更不会去敬酒，老板看着着急，但是却不能干涉，奇怪的是酒店的生意竟然一天天好了起来。

一个月的期限已到，老板询问小伙子有什么秘诀，小伙子说："我们以往只看到顾客需要什么，尽量满足顾客的需要，却不知过多的给予是一种负担。在观察客人需要什么的同时，也要知道顾客不需要什么。在我们酒店吃饭的顾客有相当一部分人是为了工作当中的应酬，也就是说他们之间有正事要谈，如果一直敬酒，频繁出现在他人聚会的场合中，便会打断他人的聚会，自然会引来顾客的厌烦。其次，同一宴会有主次之分，如果顾此失彼，只会得不偿失。"

老板听后如醍醐灌顶，此后，他在猜测客人需要什么的同时，会细心观察客人不需要什么。20 年后，他的酒店遍布全美，而当年的那名小伙子，也成为了著名的营销专家。

每个人都有自己独立思考的能力和独立的空间，任何时间、任何场所都是如此，即便是吃饭也不例外。如果酒店的销售人员一步不停地跟在顾客身后，只会让他们产生被监视和被逼迫的感觉，让人产生心理压力，没人喜欢自己被逼迫，以后当然便不会再来此家酒店。

销售人员要做的是给客户提供轻松舒适的环境，而非"零距离"。

对大气型客户，说话要干脆，做事要大气

　　有的客户十分大气，他们的性格和心理活动全都倾向于外部世界，他们经常会对客观事物表现出关心和兴趣，但是他们不愿意过多地思考，常常需要他人来帮助自己分析、选择，以此来满足自己的需要。这类客户常常会把自己的想法不加考虑地说出来，因此这类人比较活泼开朗、善于交际，他们待人热情，与人交往随和、十分大气、不拘小节。

　　销售人员与大气型的客户沟通一般是比较容易的，而且和这类人在一起销售人员也不会感觉到压抑和不舒服。当销售人员给大气型客户介绍商品时他们也会很乐于听销售人员进行讲解，并且会很积极地参与进来并说出自己的想法。

　　通常情况下，大气型的客户是十分有主见的，他们能够迅速地做出判断，但是他们做出的判断往往相对极端，比如好坏、有用无用、敌我等。而他们对事物的具体分析就比较少了，他们不注意细节。而在购买商品时他们也是这样，如果是他喜欢的产品他会毫不犹豫地购买，如果不喜欢的话就会果断拒绝。而且他们在拒绝的时候十分直接，不会给销售人员留任何面子。在面

对这类客户时，销售人员也应该用比较外向的方式来与之相处，说话要干脆、做事要大气、回答问题要清楚准确，切忌吞吞吐吐、含混不清。只有这样才能使彼此产生志趣相投的感觉，从而拉近彼此的距离。

判断一个人是否是大气型客户十分容易，你只要观察他的办公室就可以看出来。大气型的客户办公室内会出现一些学位证书、奖杯、奖品等荣誉的象征，因为大气型客户喜欢把自己的荣誉都摆出来让他人参观，这也是他们外向的一种表现。

有一位销售员在拜访一位私企老总的时候发现这位老总的办公室墙上挂着一个精美的证书，他仔细一看，原来是某某大学工商管理硕士（MBA）的毕业证书。原来这位老总刚刚从某大学工商管理专业毕业并且顺利获得证书。在了解到这一点后，这位销售人员就已经认定这是一位外向热情的老总了。因此，他在见到老总后表现得十分大气利索，跟老总谈事的时候丝毫不拖泥带水，让这位老总十分满意，觉得遇到了知己，于是大手一挥，当天就签下了 20 万的订单。

大气型客户的普遍特征就是：他们拥有很强的主观意识，喜欢以自我为中心，你在和他们握手的时候会明显感觉到他们的力度，他们的口头禅一般是"我认为""我觉得""根据我之前的经验"等。在与其沟通的时候，你就会发现，他们的声音洪亮、底气很足，有时候你甚至会觉得喘不过气来，因为他们说话语速很快，而且经常会问你一些尖锐的问题，而且整个谈话的节奏都是由他们所控制，因为这样可以满足他们的控制欲。

大气型的客户十分讲究自己的穿着，或许他们的衣着看起来很普通，但是你仔细观察就会发现这些衣物搭配得十分考究，在着装方面你丝毫挑不出他们的任何毛病，而对于流行夸张的服饰，这类人几乎不予考虑。

大气型的客户的时间观念很强，他们对时间的把握甚至可以精确到秒，如果和这类客户预约，你一定要提前做好准备，千万不要迟到，否则就会给这类客户留下一个不好的印象，从而对你失去好感。

大气型的客户最关心的问题就是你的产品是否能对他们增加收入、减少投资回报的时间并且获得最大的利益有所帮助。你的产品是否能够帮助他们提升工作效率，是否可以帮助他们发展。而至于你的产品价格多少、技术性能如何以及你们的服务质量不在他们的考虑范围内。这类客户最大的要求就是"效率"，而说服他们的方法就是用事实来证明一切，烦琐的解释和不断的保证只会让他们觉得你"啰唆"。大气型客户往往有很强烈的升职愿望，如果你所推销的产品能够帮助他们提升业绩，那么他们将会十分乐意与你合作。

因此，销售人员在与客户沟通时话题的切入点最好放在其本人的工作经历和所获得的荣誉上面，因为这些人最爱谈论的就是他们为公司或者他人创造的价值和他们个人所获得的成就。销售人员在与他们沟通时要注意掌握时间，说话要言简意赅，最好直接切入要点，因为有些大气型的客户时间观念特别强，他们可以说是惜时如金，所以你千万不要浪费他们的时间，要就事论事，用最少的时间传递最有价值的内容，枯燥的讲解只会让他们心生烦闷，十分不利于合作。

除此之外，你千万不要试图扭转这类人的看法和观点，因为这类人一旦认定什么东西就会很难改变，他们对自己极端自信，不会轻易接受他人的意见。当然，除非你的论点证据充足，有100%的把握来说服他们。

销售人员在面对大气型的客户时一定要注意，这类人决策速度很快，一旦他们就某项条款提出异议和问题，你一定要迅速地做出合理解释，因为他们缺乏耐心，害怕啰唆，你必须要跟上他们的节奏，及时地帮助他们完成决策，这样才能使推销获得成功。

最后还有一点值得注意的是，大气型客户一般很能聊，但是他们聊的大都是生意以外的事，他们也不喜欢销售人员一进门就滔滔不绝地夸赞自己的产品如何优秀、如何畅销、如何适合他们，像念经一样翻来覆去说个没完，这样很容易引起他们的厌烦。虽然他们容易对外界事物产生兴趣，但是也容易对同一个话题感到厌倦。所以销售人员不要抱住一个话题说个没完没了，而是应该摸清客户的意愿和兴趣，顺着对方来说，吸引他的兴趣，巧妙地把自己推销的产品引到谈话中来，让客户在不知不觉中被吸引。

对精细型客户，温柔相待，默默陪伴

有些客户性格封闭，不容易接近，他们的感情和思维更倾向于心灵内部，而且他们大都感情深沉、不善言辞，待人接物小心翼翼，害怕与陌生人接触，喜欢一个人独处，面对这类客户，销售人员应该掌握一定的技巧。

这类客户在消费中的典型表现就是热爱精挑细选，甚至犹豫许久，拿不定主意，这样就会让销售人员的工作很难开展。特别是销售人员在上门推销的时候，这类客户更会提高戒心，处处提防，对销售人员态度冷淡，不言不语，销售人员问一句他就回答一句，不问就不回答，直接导致整个销售气氛变得沉闷。

虽然喜欢精挑细选的客户不喜言语，表面上看似迟钝，对销售人员以及其推销的产品表现出满不在乎的样子，甚至在销售人员介绍完产品后也不主动开口，但是其实他在销售人员介绍产品的过程中一直在认真倾听并且在内心评判产品的好坏。这类客户其实是十分仔细的，而他们之所以少言寡语是出于他们对陌生人的一种天生的防御和警惕，因此不会对销售人员表现得太过热情，即使他们对销售人员的观点表示赞同，他们也只会简单地应承一句，不会发表太多的意见。这种情况往往会使销售人员感到十分压抑，以为客户不愿意搭理自己、对自己推销的产品没兴趣，从而认为这笔交易没有希望，最终主动放弃推销。

这类客户最大的特点就是任凭你口若悬河、滔滔不绝地介绍，他们也能气定神闲、无动于衷，表面上似乎是在很认真地听你介绍，但是似乎又心不在焉，这种状态会使销售人员变得无所适从。其实，他们的这种状态是在心中打自己的"小算盘"，衡量你的产品究竟适合不适合他，只是因为他们一时不能整合所有的数据，做出迅速的反应，因此思考的时间会较长，对你的介绍也显得有些心不在焉。但是一旦这些客户分析完了自己掌握的数据，认为这件商品很适合自己的时候，双方合作的可能性就会变得很大。

如果遇到这类的客户，销售人员应该注意以下几点：

1.条理清晰

无论是在向对方介绍商品时还是解决客户的疑惑和问题时，销售人员的讲话一定要具有条理性和专业性，要把产品的优缺点一并说出，给客户提供的信息一定要全面，对客户提出的问题要有耐心，给客户足够的时间进行决策。

2.沉默是金

"沉默是金"在美国被销售人员奉为做生意的"黄金法则"。在销售过程中，聪明的销售人员总会在适当的时候保持沉默，以一个倾听者的姿态出现在客户面前，这样不仅能给对方留下一个严谨的工作印象，还能变主动为被动，让客户主动抓起谈话的节奏，同时也为客户留下一定的思考空间。

王春梅是某品牌电脑的销售人员，有一天，一位女士来店中挑选电脑。店中的两位销售人员赶忙走上前主动向她打招呼，并且再三询问这位客人需要什么样的机型。在这两名热情的销售人员轮番轰炸下，这位女士明显有些不知所措，她甚至连说话都有些结巴了："我，我只是，来，来随便看看。"在转了一圈之后，她似乎觉得没有适合自己的电脑，于是便打算离开了。

王春梅在远处通过观察发现该客户是一个比较内向腼腆的客户，而且根据王春梅多年的销售经验判断，这位客户的心中肯定已经确定了某一型号的电脑，但是因为款式和价格等因素让她出乎意料，再加上刚才两位销售人员的轮番轰炸，所以她有些不知所措。

这时候，王春梅上前很友好地把这位女士请到了自己的柜台前，对她说："这位女士，您是不是看上了某款电脑觉得价格不合适？要是你确实喜欢，在价格方面我们还能商量，您先来我这坐一坐休息一下吧，我们这里比较安静。"那位客人听完后很顺从地坐了下来。聊了十几分钟之后，王春梅按照这位女士的想法为她推荐了一款十分适合她的机型，而且在价格上也很实惠，最终达成了这笔交易。

精细型的客户一般不爱说话，但是心中十分清楚，他们往往不会轻易发表自己的意见，但是一旦开口，他们提出的问题就会直击要害，十分尖锐，让销售人员难以应对。

事实上，虽然这类的客户表面冷若冰霜，难以沟通，但是在他们冷漠的神情下却隐藏着一颗炽热的心。只要他认为你是一个比较诚恳地人，那么他们自然会对你表现出极大地善意，等你们双方熟悉起来，他就会变得十分信任你，甚至是依赖你，他们会让你替他做出决定。这类客户一般在购买过你的产品后如果觉得不错，那么他下次还会继续来你这里购物，因为他们懒得去接触一个新的销售人员，他们讨厌与陌生人接触，所以这类人是一批长期而稳定的潜在客户，只要销售人员善于观察、善于分析，就能对症下药，拉近彼此的距离，使双方顺利合作。

在销售过程中，大部分的销售人员都只会用语言向客户介绍自己的产品，大部分的沟通谈话都是由他们为主动，很少给客户思考的时间，这样的推销方法并不适用于所有的客户。面对精细型的客户，销售人员需要用一种"温柔"的态度来面对他们，你只需要给他们提供详细的资料，然后再适当的保持沉默，给客户思考和决策的时间，合作就会更容易达成了。

对主见型客户，由主变客，移交主动权

在生活中，有各种各样性格不同的人，有的人做事犹豫不决、缺乏主见，唯唯诺诺；而有的人则果断专制，态度坚决，就像是一个统治者一般，喜欢独断专行，不听别人的意见，也从来不听别人的劝说。对销售人员来说，这类客户是最难说服的。

大多数销售人员都不喜欢碰到这种过于有主见，甚至到了专断独行地步的客户，他们会让销售人员感到十分棘手。因为独断专行的客户总有自己的想法和主意，他们虽然态度果决，但是前提是你的产品必须符合他的要求，而且在选购的过程中，这类客户往往言辞简单，销售人员很难从他们嘴中获得什么有用的信息，而他们总是喜欢提出很多要求，让你变得十分被动。

比如，这类客户总是会说："简单地说说你的意见让我听听。"或者是"我觉得这个产品不适合我，你给我换一个更好的吧。"如果你做得不够好，那么这类客户就会果断地转身离开。

过于有主见的客户是一群以自我为中心的家伙，他们总是希望别人能够重视和欣赏自己，他们有种狂热的控制欲，喜欢让别人按照自己的意志来做事，也正是因为这样，销售人员在销售的过程中更要善于时刻变换主客关系，把这类客户放到主人的位置上，让客户根据自己的意见来挑选产品。比如，销售人员可以说："先生，我看您十分有主见和判断力，所以您喜欢哪类产品也一定心中有数了吧！"或者说："先生，您对我们的产品还真是了解呢，我想您肯定可以自己选择了，我就不为您过多介绍了。"

其实，销售人员利用这样几句简单的话就可以把客户推到主动的位置上来，让他吐露出自己的真实想法，而且既然是他自己选择的产品，那么他自然不会拒绝。但是假如销售人员不能读懂客户的心理，不让他做到"主位"上，而是一味地热情介绍，客户反而会直接打断你的介绍，或者干脆提出一些刁钻的问题来难为你，以此来维护他们心中固有的看法，并且极力排斥销售人员，让自己重新回到主导的地位上。

文天是一位刚刚毕业的大学生，在经过公司的层层筛选和培训之后，文天被公司分到了客户李经理那里去做 LED 模组的分销工作。他在上任之前，公司的老员工提醒他说："李经理可不是一个好伺候的家伙，他是很霸道的，大家都叫他'刺头'，因为在合作中他提出的要求最多，问的问题也最刁钻，很多同事都不敢招惹他，你一定要小心点啊。"文天听后，在心里打定主意一定要"打不还手，骂不还口"用最好的态度对他，相信自己一定能搞定。于是抖擞精神来到了李经理的公司，但是李经理的秘书告诉他，今天李经理没时间，让他明天再来。

到了第二天上午，文天敲开了李经理的门，刚露出自己的笑容，李经理就劈头盖脸地说："不是让你今天一早就来吗，你看看现在都几点了！"文天红着脸没有说话，但是他心里想："看来这个客户还挺严肃认真的，以后一定要注意了。"而后李经理给文天宣布了他们公司的一些规章制度，安排文天先熟悉一下环境，他俨然已经把文天看作自己的下属了。

很快，三天过去了，李经理安排文天与公司的业务人员一起去二级市场做调研，在二级市场中文天发现了很多问题。在市场调研结束后，文天迅速向李经理汇报了这些问题并且提出了解决方式。但是李经理听完后却皱着眉头说："你难道不知道这些问题和建议用书面的形式呈现出来更好吗？而且你的解决方案太粗糙了，流于表面，把它细化一下，解决问题才是关键。"

文天听完一愣，心想："这个客户怎么这样，态度冷淡一些也就算了，怎么还这么霸道，我又不是他的手下。"

在这个案例当中，李经理就是一个典型的过于有主见的客户。这一点在案例中有两处体现：第一，文天去他公司协助他进行分销的时候他却向文天宣布自己公司的规章制度，要知道文天并非是他的员工，可是他却越权安排文天的工作，而且也没有询问文天的意见，这无疑是一种独断的表现。第二，文天并非他的下属，但是他却安排文天去给他做市场调研，而且要求文天写出书面报告，这一点也体现出了这位客户的专行霸道。

通常来说，过于有主见的客户都是很有主见的，但是他们同时也十分固执，对自己认定的产品情有独钟的，如果销售人员不能够给他提供满意的产品，那么就很难与主见型客户谈成生意了。因此，作为销售人员一定要了解客户的真实意愿，而了解的最好渠道莫过于让客户自己透露了，只有这样才能从他透露的信息中分析出他的需求并为他提供最合适的商品。这样做不仅能满足这类客户的表现欲，还不会让自己表现得太过为难。

在这里，销售人员还有一点要注意，那就是过于有主见的客户最厌恶销售人员的强制推销，你越热情地介绍自己产品，他们反而会越反感，因此，千万不要在这类客户面前过于热情，要尽量顺着他们的意愿。

对于过于有主见的客户，销售人员唯一要做的就是服从，因为如果不满足他们的支配欲，他们就会对你失去兴趣。对于这种客户，销售人员一定要有良好的时间观念，约好什么时间见面就一定要准时赴约。在交谈的过程中，思路要清晰明了，切忌说话拖泥带水，啰啰唆唆，更不要闪烁其词或者词不达意，这样只会引起客户的反感。最需要注意的，是一定不要在与对方的观点对立的时候与他抬杠、纠缠，否则很容易失败。总而言之，销售人员一定要懂得满足主见型客户的支配欲，这样才能使交易顺利地完成。

与主见型客户合作的技巧就在于尽量减少与对方的冲突，但是也不能一味妥协，所以，销售人员的应对策略是：

1.完整的企划案

首先你要明确自己的原则和底线，做出一套完整的企划案来，立场坚定，思维严谨，办事绝不拖拉，要让对方明白，合作对双方都有好处。

2.满足其合理要求。

在客户要求合理的情况下，尽量解决他提出的问题，满足他的要求。

3.适当满足其控制欲。

在不破坏原则的情况下尽量顺从对方，以便双方相处愉快。

对独特型客户，只谈独一无二

每个客户都是一个单独的个体，他们都有自己独特的性格、心理和气质。因此，销售人员在销售的过程中也不能用同样的方式去对待所有客户。应该针对不同客户的特点使用不同的技巧，随机应变，对症下药，让交易顺利达成。

通常情况下，大部分客户的办公室都是十分干净明亮的，你一进去就能够感受到浓烈的工作氛围。但是，如果你走进这样一个办公室：办公桌上十分杂乱，放眼望去有很多私人物品，各种各样的文件或者名片散落在桌子的各个角落，在办公室中甚至会有看起来很舒服的真皮沙发，那么，恭喜你，你碰上了一位标新立异的独特型客户。

标新立异型的客户通常穿着随便，但是非常时尚，从他们的穿着上你就可以看出时下正在流行什么。

在与这类客户交谈的时候，他们会表现得朝气蓬勃，因为他们在谈话时会眉飞色舞，甚至手舞足蹈，肢体语言十分丰富，当然，这样的谈话一般是在沙发上进行的。

而在销售过程中你会发现，你们的谈话内容大都与产品无关，他们喜欢抒发自己的感想，他们对奇闻逸事很感兴趣，一旦有了跟潮流或者时尚有关的话题，他们就会双眼放光不管不顾。

他们的个性十分自由，热爱独立思考，喜欢广交朋友，他们是人际关系处理大师。他们的行为不拘小节，所以迟到对他们来说是家常便饭。

这类客户最让人哭笑不得的特点就是他们从不关心产品的质量和价格，他们关心的只是这类产品的使用者和客户群是谁，如果他周围的同事、朋友甚至竞争对手都在用你的产品，那么他们为了不落伍肯定会购买你的产品，因为这类客户往往会把购物看成一种身份和地位的象征。要知道，很多标新立异的客户购买一款名车或者名表的时候甚至根本不知道它们有什么特殊的功能，他们注重的是这些产品是否能够体现出他们的身份。

在和标新立异的独特型客户谈判时最重要的是要有好的口才，你要换一种沟通方式，话题不要老围绕着你的产品，可以说一些他们感兴趣的东西，最好什么方面都涉猎一点，天文地理、奇闻逸事、时政经济、时尚潮流都可以作为谈话的切入点。而在销售的过程中，也尽量要以轻松的方式进行沟通，如果条件允许，你不妨把交流的地点定在一些非正式的场合，比如咖啡厅、茶馆甚至酒吧。在沟通的时候，如果你表现得才华横溢，而且对对方提出的观点加以肯定并且补充，能够随时找到"新鲜点"让对方觉得你无所不知，就能够引起他们潜意识里的崇拜，这时候你只要对你推销的产品稍加介绍，那么他们就会对你的产品产生极大的兴趣，你们合作的成功率也会变大。而需要注意的是，在介绍产品时一定要注意渲染，比如说这款产品有哪位著名的明星也在使用，这对交易的促成有很大的帮助。

标新立异的客户大都是年轻人，因为追求时尚是年轻人的主旋律，大多年轻客户都喜欢前卫、时尚的东西，他们不乏尝试的勇气，有着自己另类的信念以及品位，他们是时代的弄潮儿，站在时尚的前沿。他们喜欢标新立异，喜欢让自己变得更独特，喜欢从众人之中脱颖而出的感觉。因此，他们在购物的时候总是喜欢选择那些比较另类的产品，因为越"独特"的产品越能引发他们的好奇心。

独特标新立异型的客户之所以购买另类的产品除了上文所说的好奇心和彰显自己的品位以外还有一个原因，那就是为了满足他们渴望重视的心理。他们希望通过独特的服饰或者装扮来让自己变得与众不同。因此，销售人员在面对这类客户的时候不妨适当对他们表示认同。比如你可以说"这位先生，您身上的这件衣服可真有个性，有种与众不同的感觉""小姐你可真有眼光，您挑选的这件商品是我们这儿刚刚入库的，您可是第一个购买的"，别奇怪，独特型的客户就喜欢这些赞美的话。

有一位年轻的姑娘来到服装店准备给自己购买一款上衣。她边走边看，终于在一件设计前卫、颜色夸张的外套面前停下了脚步。销售人员见状赶忙上前对她说："小姐如果你喜欢可以试穿一下，我看您的身材比较高挑，这件衣服一定可以让您变得更加美丽。"

于是这位姑娘去试衣间换上了衣服，而这件衣服穿在她身上的效果的确不错，因此她便询问销售人员这件衣服的价格。销售人员回答说："这件衣服的价格是1200元，而且因为今天是圣诞节，如果您现在购买的话可以打9.5折，我看这件衣服特别适合您，你穿上简直太漂亮了，"姑娘听完高兴地说："好的，这件衣服给我包起来。"

销售人员见生意谈成，心里也是十分高兴，她一边开票一边对姑娘说：

"小姐您真是太有眼光了，好多人都喜欢这个款式的衣服，我们已经卖出去好多件了。"

"哦？这样啊。"这位姑娘听完立刻沉下了脸，一声不响地离开了。

那么，究竟是什么原因让这位姑娘立刻改变主意拒绝购买了呢？究其原因就是因为那位销售人员没有把握住客户的心理，说错了话。很显然，上文中的这位客户就是一位独特型的客户，他们的穿着最讲究个性和与众不同，这类客户最讨厌的就是和别人穿一模一样的衣服，试想销售人员在这样的客户面前说这款衣服有很多人穿，生意怎么能不失败呢。

因此，销售人员在销售的过程中一定要善于从客户的言谈举止中发现其心理动向，然后再针对其心理需求满足对方，让客户感觉到舒适和满足。而只要你满足客户这种心理需求，客户自然会接受你，对你的意见也会比较容易接受了。

第四章
第一眼让客户觉得你靠谱

如果你想成功卖出一栋房子，那么请将前厅布置得足够迷人。因为，良好的第一印象最有利于提升成交的概率。这条规律在销售人员身上同样适用。据相关资料统计，销售失败，80%是由于销售人员没有在客户心里留下良好的第一印象。也就是说，在销售人员还没有介绍商品之前，他的推销已然失败。所以，在推销产品之前，你要先成功地推销自己。

7秒钟，决定第一印象

心理学家认为，人们对某个人或者某件事物在 7 秒钟之内的第一印象会保留 7 年。所以说，能否给客户留下一个良好的第一印象对你的销售工作能否顺利开展有着决定性的影响。

据相关资料统计，80%的销售人员之所以经常会被拒绝就是因为他们留给客户的第一印象并不好，也就是说，在大多数时候，在你还没开口介绍某件商品之前，客户就已经决定不与你进行下一步沟通了。

现在的年轻人经常会说："我对某某某一见钟情了。"所谓的一见钟情，就是双方在初次见面时，在 7 秒钟之内吸引了对方，让对方对自己产生了极大的好感。而这种好感主要来源于自己的眼睛，无须通过语言和交流。作为销售人员来说，你有 7 秒钟的时间来给你的客户创造一个良好的第一印象。因此，你要格外珍惜这 7 秒钟。在这 7 秒钟里，一定要让对方眼前一亮。

"要想成功推销产品，首先就要成功推销自己。"在大多数情况下，客户都不愿意把时间浪费在一个自己不喜欢的人上面，如果你被客户所厌恶，你的产品又怎么能推销出去呢？

李玉高是研究生毕业，长得也蛮精神的，就是很懒。他有知识，也有能力，他想找一份销售工作，但是屡次面试就是不成功。这天他又一次去面试，考官看到他以后，简单地问了他几个问题就客客气气地请他回家等通知。

李玉高看到面试官的这个反应就知道又没有希望了，于是他索性直接问考官："我想问一下，为什么你们不问我一些专业的问题就把我打发了，我认为我有能力也有学历，为什么每家公司都像你们这样，看到我问两句就打发走了？是我哪做得不够好吗？"

考官沉思了一会，回答李玉高说："小伙子，我们做招聘的，每天要面试很多人，所以当你一进来我看到你蓬乱的头发，还有乱糟糟的衣服，没睡醒的样子，我对你就没什么兴趣了，因为你给我的第一印象不好，所以我也没什么兴趣再问你其他问题了，因为我认为，对自己都如此邋遢的人，是做不好工作的。"

李玉高听后看了看自己的衣服，照了照镜子，恍然大悟一般回家了，没几天，他就找到了一份销售工作。

这个故事再一次证明了第一印象的重要性，李玉高每次面试，考官在 7 秒钟之内就否决了他，所以他一直找不到称心如意的工作。而作为一名经常与客户打交道的销售人员，你也必须掌握一些见面的技巧，不要让客户在几秒钟之内就否定了你整个人。以下是一些小技巧：

1.知己知彼

销售人员在与客户见面前不妨先对客户进行一个透彻的了解，通过自己的同事、其他客户、其他公司的推销员等渠道来了解客户，随后根据客户的性格来决定自己拜访的形象和方式。

2.做好准备工作

在拜访客户之前，你不妨先把自己销售的目的写到纸上，随后进行思考，看看是否有什么欠妥当的地方，并且组织一下自己的语言。

3.注意个人形象

在拜访客户时，一定要穿着整洁、精神。千万不要邋邋遢遢就去会见客户，这样只会让客户对你产生厌恶。

4.简短的自我介绍

销售人员在对客户进行自我介绍的时候一定不要太长。比如有的推销员在向客户自我介绍时会说"您好，打扰您了，我是中国××合资有限公司××分公司的销售员（业务经理）××"这句话实在是太长了，客户一听你这一连串介绍就已经有些发蒙了，而且听完还不知道你究竟是干什么的。作为销售人员，你自我介绍的第一句一定要简单精练，可以说"您好，我是××公司的。"等客户反应过来之后，你再介绍"我是××，是××分公司的销售人员。"

5.学会在自我介绍时赞美客户

在对客户进行自我介绍的时候，你不妨顺便赞美客户一下。比如你可以说："我是经过××客户介绍来的，听说您的生意十分红火，我想可能会需要我们的产品。"这样一来客户不容易拒绝你，而且听了赞美，心情自然会比较好，对你的印象也会加分了。

一般来说，建立一个良好的第一印象有以下 5 个途径：

1.自我定位

销售人员想要给客户建立一个良好的第一印象，首先就要想想自己想要给客户一种什么样的印象。如果销售人员给自己的定位是一个普通推销员，那么就不会注重穿着和言谈举止。反之，如果销售人员给自己的定位是一个业务高手，销售人员的穿着和言谈举止自然就会有截然不同的优异表现。

2.礼貌而且专业

销售人员的礼貌和专业会给客户带来一种信赖的感觉，如果销售人员很随便，对客户没有礼貌，那么客户就会产生一种很消极的负面情绪，自然不会对你留下一个好印象了。

3.姿态

销售人员的站姿和坐姿体现着销售人员的精神状态，从而在很大程度上影响着客户对你的第一印象的判断。除此之外，销售人员的名片、手提包、名片夹和身上所带的资料对客户、对你的印象影响也相当大。

4.正确的座次

销售人员在和客户一起入座的时候一定要分清上座和下座，如果贸然坐在了主人的座位上，自然会引起客户的不快，对你的第一印象也会大大减分。

一般来说，销售人员选择座位的原则是：让客户先坐，随后坐在客户的右侧，因为如果面对面与客户交谈会让客户产生一定的心理压力，有种针锋相对的感觉。

5.传达的信心

销售人员讲话的内容也会影响到客户对你的第一印象。如果你大话连篇、侃侃而谈，但是说的都是一些没用的废话，就会让客户产生不舒服的感觉。因此，销售人员一定要努力了解客户的品位，寻找客户感兴趣的话题，用得体的表达方式与客户交流，拉近与客户的距离，给客户留下一个良好的第一印象。

客户都爱"以貌取人"

高明的销售人员懂得给对自己的形象进行包装。因为人们第一次见面时给对方直观感觉的就是你的形象，如果你在客户面前有一个良好的形象，客户自然会对你好感大增。

有一位形象糟糕的销售人员在一家商场中推销面包，每位顾客走过他的柜台时只要看他一眼便立刻皱着眉头走掉了。过了一会儿，经理过来让他去仓库整理货物了。这位销售人员走了之后，经理派了一位十分精神的小伙子来销售面包，不一会儿，这个货柜上的面包便卖光了。

在推销的过程中，懂得包装自己的形象，给人留下好印象的推销员将会是永远的赢家。一般情况下，销售人员与客户首次接触时交流的时间不会太长，想要在有限的时间内让客户对自己和自己所推销的产品有一个深入的了解并非是一件简单的事。而如果销售人员能够在第一次接触中就给客户留下一个良好的印象，那么客户在日后与你接触时也会对你热情款待。

有调查显示，客户之所以选择购买某品牌的商品，并非一定取决于价格、质量等因素，其中对销售人员的好感起着决定性的作用。根据纽约销售联谊会的统计，71%的人是因为喜欢、信任和尊重一位销售人员而做出购买决定的。推销的内涵就是推销自己，而推销自己的关键就是推销自己的形象。

在首次与客户打交道的时候，如何才能让客户看到自己美好的形象呢？一般来说，衣着打扮可以最直接地反映出一个人的修养和气质。穿戴整齐、干净大方的销售人员一般比较容易赢得客户的好感和信任。而衣冠不整的销售人员则会给客户留下一个办事马虎、懒惰、糊里糊涂的印象。美国麦肯锡公司调查表示，有80%的客户对衣着凌乱、形象差劲的销售人员十分反感。因此，衣着打扮对于销售人员来说代表着销售商品的外包装。如果包装粗糙，即使你里面的产品质量再好，也会被人们误解为廉价的低等货。日本推销界流行着这么一句话："要想成为一流的推销员，首先就要从自己的仪表做起。"

在英格丽·张的《你的形象价值百万》一书中，有这么一段故事："在加拿大工作的查理被委派寻找合作伙伴，经人介绍，与某位总裁初次相会。查理一进门，就看到有位男士穿着灰棕色、人造纤维的格子西服，发着亮光的领带露在 V 字口毛衣的外面。他一张嘴，满口黄牙暴露无遗……'他留给我了永不磨灭的可怕的恶劣印象。那张冷酷不带笑的脸和那双死鱼般的手，无不在告诉我这是个冷酷的、没有修养的人'。查理说，最终决定不和这位总裁合作。"

由此可见，仪表对人们的第一印象有着多么大的影响。在快节奏的社会中，人们没有太多的时间详细了解一个人，因此第一眼印象就显得尤为重要了，而仪表，正是对方形成对你第一印象的重要依据。那么，我们该如何打造一个绝佳的仪表呢？

首先，销售人员应该注意自身形象和个人卫生，以及自己的表情是否僵硬，笑容是否让人感到不愉快。

其次，销售人员在与客户交谈时学会适当的沉默或者改变自己说话的语调，不要高谈阔论，也不要过多地谈论客户的私生活，不要过于活跃和开玩笑，要给客户说话的机会。

再次，销售人员在与客户交谈时举止要温和有礼，切忌冷淡客户，不要让别人觉得你骄傲自大，目空一切。

最后，销售人员要尽量寻找双方都感兴趣的话题，适当地活跃交流气氛。

销售人员的穿着要根据不同的人和职业而定，一般没有太固定的模式，比如在面对年龄较大、比较严谨的客户时你可以选择穿西装，在面对比较年轻的客户时，休闲装是你最好的选择。总之，不管什么样的风格，在大体上要以稳重大方、整洁清爽、干净利落为基本原则。

除了着装方面的要求，推销员还要做到外表整洁，应该定期理发，头发不要太长，应经常刷牙，不要有口臭，勤剪指甲，指甲中不要有污垢。

当然，与外在的修饰相比，内在的涵养和气质更为重要，因此销售人员应该注意文化学习，培养自己的气质和风度，让客户被销售人员所折服。

从礼仪、姿态中表现涵养

在交往中的礼仪和姿态一般会被认为是一个人是否有教养的表现。如果销售人员想要给客户一个良好的第一印象，那么你就要重视在与客户见面时的姿态表现。在初次见面时，如果销售人员能够做到彬彬有礼、仪态大方，那么就能给客户留下一个良好的第一印象，这有助于销售的成功。

中国素有"礼仪之邦"的美称，自古以来就有做人应"站如松，坐如钟，行如风"之说。而日本深深汲取了中国的礼仪文化，在日本的百货商场，甚至连鞠躬弯腰都有具体的标准，比如在欢迎客户时要鞠30度躬，在陪客户挑选商品时要鞠45度躬，送客户离去时要鞠50度躬。

而销售人员想要在销售过程中给对方一个良好的第一印象，那么你首先就要重视和对方见面的姿态、礼仪，如果你和客户见面时低着头，无精打采，那么对方就会在心里认为你不欢迎他。如果你不正视客户，经常左顾右盼，那么客户也会怀疑你销售的诚意。

下面，我们就来介绍一些在与客户初次见面时身体各部位的姿态、姿势，以供销售人员参考：

1.手的动作

在肢体语言中，手的动作十分重要，善于利用手部动作能够有效地提高销售效果。

（1）在为客户带路的时候，要伸出你的手臂，手掌向外，指向你要介绍的部门或者需要带客户去的方向，同时要说"请这边走"等礼貌用语。

（2）当手指向目录或者说明书时，手掌应朝上，如果指一些小的东西可以用食指指出。

（3）在拜访客户时，如果客户端茶给你喝，你应该轻屈中指和食指在杯子旁边敲击两下，以示感谢，同时也要把谢字说出口。

2.眼睛的动作

眼睛是心灵的窗户，如果在与客户交谈时眼神东飘西躲将不利于销售，正确的方向应该是：

（1）在与男性客户交流时，视线的焦点可以放在对方鼻子附近，如果对方是已婚女性，则可以注视着对方的嘴巴，如果是未婚的女士，则要看着对方的下巴。

（2）视线的范围可以再扩大到对方的耳朵以及领带附近。

（3）在聆听对方说话时可以偶尔直视对方的眼睛。

（4）在与客户交谈的时候，不妨把自己的视线集中在对方的一只眼睛中，可以使对方产生柔和的感觉。

销售人员要想正确使用自己的目光，首先就要了解这方面的礼节。目光的礼节同语言和其他礼节一样，因民族和文化的不同有着各种各样的区别。

那么，人们应该怎么做呢？正确的做法应该是：用自然、柔和的眼光看着对方从嘴巴到双眼的这部分区域，目光停留在对方身上的时间应该占交谈时间的 30%~60%，也就是说，既不要死死地盯着对方，也不要一眼都不看对方，应该适当地把目光停留在对方身上。

3.坐相

老人经常教导我们，站有站相、坐有坐相。而在销售的过程中，坐相也有许多十分值得注意的地方：

（1）当客户请你入座时，你要先表示谢谢，随后坐满整个椅面，背部不要靠着椅背，身体稍微前倾，这样可以表现出你对谈话内容的肯定。

（2）坐在椅子上的时候，膝盖要张开约一个拳头的距离（女性应双腿并拢）。

（3）切忌用手撑着头，脑袋要微微上扬，让对方感觉到你的自信，而且被你感染。

4.站相

在站立时，应该有青松一般的气度，不要东倒西歪，良好的站姿应该挺胸、抬头、收腹，身体保持平衡，双臂自然下垂，不要做出歪脖、含胸、抖脚、重心不稳和两手插兜等不礼貌的动作。

男人和女人的站姿不同，女子在站立式时，应两脚张开成小外八字或者V字形；男人在站立时应脚与肩同宽，身体平稳，双肩展开。简而言之，就是站立时应该让人看上去舒适自然，有美感而不做作。

5.握手

在日常交往的过程中，销售人员与客户见面时总会握手相互致意，分别时也会以握手告别。在受到别人帮助之后，往往也会握手表示感谢；在别人获得成功之时，要与对方握手表示祝贺。可以说，握手贯穿着整个销售过程的各个环节，因此，销售人员必须要重视握手的细节：

（1）在握手时，一般都是主人先伸出手、女士先伸出手、长辈先伸出手、上级先伸出手，而在面对客户时，销售人员应该主动伸出手，让客户感到亲切。

（2）握手时一般应伸出右手，同时注视着对方，握手的力度要适中，时间不能太长。男性和女性握手时一般只轻握对方手指部分，不能握得太紧和太久。如果关系亲密，场合隆重，双方的手在握住之后应该上下摇摆几下。如果想要表现出自己的热情，可以用双手相握的方式。

（3）在握手时不要目光游移、心不在焉，也不要戴着手套与对方握手，这些都是很不礼貌的。除此之外，长时间地握着对方的手、当别人正与他人握手时冲上去与之握手和握手后用手帕擦手都是一定要避免的。

除了握手的姿势，握手的规矩还有以下几种：

（1）不要掌心下压。

通常情况下，在与人握手时要把手自然大方地伸出即可。如果要表示对他人的尊重，伸手与其相握时掌心应该向上。但是切忌掌心向下压，用击剑式握手法去握他人的手，那样会给人一种傲慢和盛气凌人的感觉。

（2）不要随便滥用双手握手。

双手握手一般是在故友重逢或者对不幸的人进行慰问时才会使用，如果滥用双手握手会引发他人的不快和抗拒。

（3）把握好握手的"度"。

无论做任何事情，都要有个度，握手也是如此。有的人为了表示自己的热情和真挚在与人握手时会使劲握住对方的手，这种做法是欠妥当的，因为这样不但会弄疼对方，还会显得很粗鲁。反之亦是如此，有的人为了显示自己的清高，只肯伸出自己的手指尖与他人握手，而且一点力也不用。这种做法也是很没礼貌的，会让人觉得你冷漠和敷衍。很显然，握手过轻过重都不合适。正确的做法应该是用手掌和手指的全部不轻不重地与他人握手，然后稍稍上下晃一下。

（4）不要过分谦卑。

有的人无论跟谁握手都是一个劲的点头哈腰，这样做会让人觉得过分客套。在与人握手时，应该同时致以问候，但是如果条件所限，不允许出声，那么你可以点一下头以示礼貌。在对上级和长辈握手时，为了表示尊重，可以欠一下身，但是点头、欠身和没完没了的点头哈腰是有根本区别的。

记住客户的姓名

试想一下，当你拿起一张包括你在内的合影时，你最先观察的人是谁呢？毫无疑问，一定是先看你自己。当考试成绩下发时，你会先找谁的成绩呢？不用说，自然是先找到属于你的成绩。他们为什么会有这样的举动？那就是因为人们希望别人知道他们，他们希望获得别人重视。

假如你能够尊重并且牢记他人的姓名，就表示你比较在乎他，这不但可以帮助你建立良好的人际关系，而且对你的销售业务拓展也会有很大的帮助。

卡内基是举世闻名的钢铁大王。但是他年轻的时候对钢铁行业根本一窍不通，那么他是如何成功的呢？据他说，是因为他很尊重别人的姓名。

在卡内基 10 岁的时候，他的叔叔送给他一只小兔子，不久之后，这只兔子就生下了一窝小兔子。但是他的零用钱有限，他没有能力来抚养这一窝小兔子。于是，他想出了一个绝妙的点子，他告诉周围的小朋友，只要他们肯送食物给小兔子吃，那么这些小兔子将会用送食物的这些小朋友的名字来命名。

周围的小朋友听了他这个提议后立刻踊跃地提供食物。这件事给了卡内基深刻的启示：人们都十分在乎自己的姓名。

在卡内基长大成人以后，有一次他为了竞争太平洋铁路公司的卧车合约，他与自己的竞争对手布尔门铁路公司针锋相对。双方为了拿下这笔生意，不断降低自己的报价，到了最后甚至连一分钱的利润都没有了。

不久之后，卡内基与布尔门共同来到纽约会见太平洋铁路公司的董事长，而后他们在一家饭店门口偶遇。

卡内基对布尔门说："我们这不是在作践自己吗？"

布尔门回答："你说的是哪件事情？"

卡内基说："噢！别装糊涂了我的朋友，你应该知道恶性竞争的危害，不如我们化解恩怨，携手合作如何？"

布尔门思考了一会儿突然说："假如我们合作的话，新公司要叫什么名字呢？"

卡内基突然想起了自己童年养兔子那件事，他立刻说："当然要叫'布尔门卧车公司'了"。布尔门听后眼睛放光，立即同意了卡内基的提议。

过了不久，卡内基在美国宾州匹兹堡建了一家钢铁厂，专门生产火车轨道。当时，美国宾夕法尼亚铁路公司是需要火车轨道的大客户，该公司的董事长叫汤姆生。卡内基此时又想起了兔子的故事，于是，他把自己的新钢铁公司叫作"汤姆生钢铁厂"。汤姆生听后大为高兴，立刻宣布以后进货都要从"汤姆生钢铁厂"购买，而卡内基的生意也越做越兴隆。

凭借着这一套"尊重别人姓名"的本事，卡内基在商界所向披靡，最后成功建立起了自己的钢铁王国。

在看过卡内基的故事之后，你是否已经了解"尊重别人姓名"的重要性了？

我们常听很多人说"我的记性真的好差，老是记不住别人的名字。"或者"我每天要接触那么多人，他们的名字会把我的记忆搞乱，因此我总是没办法把人和名字对上号。"

记别人的姓名难道真的很困难吗？雪佛兰通用汽车分公司的总经理巴布·兰德可以记住 6000 个人的姓名；美国前邮务总长杰姆可以记住 5 万个人名！

巴布·兰德记住的 6000 个人名都是雪佛兰汽车经销商的名字，在每一次经销商联盟会议的时候，兰德都能准确地叫出每一位经销商的名字，并且亲切和他们进行寒暄。他这种超乎常人的记人名本领是他成功的原因之一。

杰姆 10 岁的时候他的父亲就去世了，而家境贫寒的他连小学都没读完。但是在他 46 岁的时候，他已经获得了 4 所大学的荣誉学位，后又担任美国的邮务总长。

当有人问起杰姆成功的原因时，杰姆骄傲地说："我的成功秘诀就是能够牢记 5 万个人的名字。"这套特殊的本领甚至为富兰克林·罗斯福竞选美国总统起到了重要的作用。他的所作所为给美国的政治人物上了最宝贵的一课——要想选举获胜，必须牢记选民的大名。

或许你会说，杰姆和巴布·兰德都是特例，他们是"超人"，一般人根本做不到这一点。其实不然，背人名和背英语单词一样，只要你肯用心，就一定会成功。

对于大多数人来说，几十个、几百个名字并不困难。但是要想记住几千、几万个名字就十分不易了，但是如果想让销售工作顺利展开，牢记人名的技能就必须掌握。以下是牢记人名的几个方法：

1.用心倾听

要想牢牢记住别人的姓名，首先就要端正自己的态度，把牢记人名当成重要的事去做。每当认识新朋友的时候，你一定要注意用心倾听对方的名字，一方面要牢牢地记住，另一方面要记住对方的长相。如果你没有听清对方的名字，请立刻再问一遍。

2.利用笔记

好记性不如烂笔头，如果你觉得在脑海中实在记不住繁杂的人名，找个本子记下来吧，不要太信任自己的记忆力，在取得对方的名片后，你可以把对方的特征、嗜好、生日等详细信息写在他的名片后面，以此来帮助你进行记忆。当然，如果你能做一个专门的资料卡，那就更理想了。

3.多重复

重复一个人的姓名可以帮助你更好的记忆。因此，在初次谈话的时候你不妨多叫几次对方的姓名。如果对方的姓名比较冷僻或者奇特，你不妨请教其名字的写法和姓氏的来历。

设计一个 10 秒内吸引对方的开场白

"一次成功的推销 80%取决于刚见面的 10 秒。"这是在日本推销界非常流行的一句话。销售人员应该知道,无论是想让客户接受你还是接受你的产品,你都应该在第一时间吸引客户的注意力,抓住客户的好奇心,这样客户才有兴趣和你继续交谈下去。

很多推销员在与客户接触的时候,经常会发现客户正在忙着做其他的事情,或者根本没有兴趣接受你的推销。而在此时,如果你不能尽快地引起客户的好奇心,那么你这次推销就等同于失败了。

根据销售心理学分析,最容易吸引客户注意力的时间就是在你刚开始与客户接触的 10 秒钟之内,如果你能够在前 10 秒钟之内完全吸引住客户的注意力,那么你之后的销售过程就会变得十分轻松。所以你最好设计一个在 10 秒钟之内就能吸引对方的开场白,而这个开场白可以是提出的一个他们十分感兴趣的问题。

福克兰是美国鲍尔温交通公司的总裁。在他年轻的时候,由于他成功地处理了公司的一起搬迁事务而平步青云。当时，拆迁区中有一位英国老妇人不愿意离开自己的房子，她又联络了很多邻居，决定与福克兰的公司对抗到底。如果当时走法律途径来解决问题不仅费时费力，而且还不一定成功。于是福克兰毛遂自荐，向总裁请缨，准备亲自出马，把自己的方案彻底"推销"给老妇人和她的邻居。

当福克兰找到这位老妇人的时候，她正坐在自己屋子门口。福克兰故意在这位老妇人面前来回踱步，并且显得忧心忡忡，以此来引起老妇人的注意。果然，没过多久，老妇人开口说话了："小伙子，你有什么心事吗？"

但是福克兰并没有回答老妇人的问题，而是说："您整日坐在这里，真是太可惜了，要知道您可是具有非凡的领导天赋，是可以做一番大事业的，听说这里要建一条公路，您为什么不劝劝您的邻居们，让他们换个地方生活，给周围的人们创造一些方便呢？这样周围的人们都会感激您的。"

福克兰这几句轻描淡写的话深深地打动了老妇人的心，不久之后她就开始到处寻觅住房，并且指挥她的老邻居搬迁，而公司支付给了老妇人当初预算一半的搬迁费。

由此来看，销售人员在和客户交谈的时候，能够一开始就抓住客户的心十分重要，因为只有这样他们的话才能继续进行下去。那么如何才能在一开始就抓住客户的心呢？以下有几种常见方法：

1.提及客户目前最关心的问题

每个人都有自己的侧重点和关心点，比如你可以对客户说"听您的朋友提起，您最近最头疼的问题是无法找到价格合适的产品……"等类似的话。

2.谈到客户和你都熟悉的第三方

两个陌生人之间最容易打开的话题莫过于一个都熟识的人了，你如果不知道如何开场，不妨提及一些这样的人物，比如"您的朋友××介绍我与您联系，听他说您的情况是这样的……"

3.赞美对方

赞美永远是最好的开场白"他们说您是这方面的专家，所以我特地来请教一下……"

4.提及他的竞争对手

竞争对手的情况最容易引起客户的兴趣，你在与客户首次见面时不妨这样说"我们刚和××公司合作过，他们说……"

5.用数据引起客户的注意

数据是最具说服力的话语"如果您购买我们的设备，您的公司将会提高50%的生产效率……"

以上几种方法，销售人员可以交叉着使用，但前提是要根据实际情况，当然，在与客户交谈的时候，首先一定要以开朗积极的语气向客户打招呼。

除此之外，销售人员在初次面对客户的时候最好抓住客户的心理，这样方便你进行下一步的推销。以下是一些小技巧：

1.多说"我们"少说"我"

"我们"是一种很神奇的语言，它会给人一种心理暗示，那就是你和客户是一伙的，是站在客户的角度想问题的。虽然它比"我"只多了一个字，但是给客户的感觉却大不相同。

2.不同的人说不同的话

这一点应该十分好理解，遇到年轻的客户，就用年轻人的说话方式交流。

遇到年龄大一些的，就用成熟稳重一些的说话方式。这样才能做到面面俱到，和所有人都能交流。

3.不要怕说"对不起"

当客户阐述他们遇到的问题时，他们等待的是富有人情味的明确反应，他们想知道你理解他们。如果他们主动上门对你们的产品投诉，那么你的开场白不妨是一句"对不起"，让对方明白你的歉意和诚意，然后明确地告诉他你会尽最大的努力帮助他，直到他满意为止。

4.感谢、感谢、再感谢

要知道，感谢永远是拉近双方距离最好的工具。但是遗憾的是"谢谢""荣幸之至""非常感谢"这类字眼在销售过程中越来越少了。销售人员应该经常使用这些词汇，最好把"谢谢"作为你和客户交流的常用词。请真诚地说出它，因为正是因为有了客户，你才有了今天的这份工作。

自然而然地交换名片

有些销售人员在上门拜访客户时却怎么也要不到客户的名片，或者只能干巴巴地向客户强行要来一张名片。而人们所说的交换名片自然是"换"，而不是"要"，所以，了解一些交换名片的技巧对销售人员是很有帮助的。

名片是现代人自我介绍与社交联谊的枢纽。它的最基本作用就是自我介绍，可以起到维持自己与他人联系的作用。在现代生活中，我们不仅要有名片，更要会使用名片。而现在有很多销售人员只是单纯地拥有名片而不会使用名片。

在拜访重要客户或者进行重要的人际交往时，名片的使用一定要遵循以下"三不准"。

1.名片不可随意涂改

有些人喜欢在自己的名片上信手涂鸦，但是，如果在和客户（尤其是外国客户）打交道时，你最好不要给他涂鸦过的名片。因为这样会使对方觉得你没有礼貌，很粗俗，从而对你的第一印象大减分。

2.名片上不要印私人号码

在正式的交往中，尤其是商务交往中，往往最讲究公司分别，名片上有办公室电话号码、总机号码即可，最好不要提供私人住宅号码，而且通常也不提供手机号码，因为这是一种人的自我保护需要，也是借以表示公私分别。

3.名片上不要有两个以上的头衔

有些人喜欢在名片上印许多头衔，比如××公司销售经理、名誉××兼××助理等，甚至有的人光头衔就十几个，这样虽然看上去很花哨，但是只会让客户觉得你华而不实，比较浮夸。如果你面对不同的客户要用不同的头衔，那么你不妨多印几套名片，不同的人交换不同的名片。

名片如果做得好也可以吸引客户的注意力，下面我们就来具体介绍两个巧妙使用名片的案例。

有一位销售人员在给自己印名片的时候在名片上设计了一个硬币的图案。每次当他拿出这张名片递给客户的时候，客户都会好奇地问："这枚硬币是什么意思呢？"此时，那位销售人员就会笑着说："硬币在我们那代表着运气，这也代表你我之间的缘分啊，能见面就是缘，当然，我也希望这次商谈能够给我们带来无尽的运气。"每当他拿出这样的名片，都会给客户留下深刻的印象。

无独有偶，有一位销售人员喜欢在自己的名片上醒目地印着"81030"这组数字。每当客户看到这个既不是电话号码也不是联络方式的数字时就会问他："这是什么号码呢？"而他解释说："人类的平均寿命是74岁，而每个人一天要吃三顿饭，按照这个来计算，在74年中，我们要吃81030顿饭，所以我希望大家都能够吃够这么多饭啊！"后来一打听，原来他是一个推销人寿保险的销售人员。而他就是以这个名片引起客户的注意，然后以此为话题，给客户留下了一个良好的第一印象，最终成为了销售冠军。

由此可见，名片对销售人员的作用还是很大的，而以下就是一些交换名片的小技巧：

在与客户见面时，不要过早地拿出自己的名片，在自我介绍完成之后，观察客户的反应之后再决定是否交换名片。比如你的名字比较难记，你可以说："×先生（女士／经理），我们第一次见面，不妨交换一下名片吧，我的名字比较拗口。"随后把你的名片递上去，客户就不好意思拒绝和你交换名片了。

在向客户告辞的时候可以说："×先生（女士／经理），我要告辞了，我们交换一张名片吧，以后多联系。"

销售人员一定要避免生硬地对客户说："您给我一张名片吧。"这样会显得你非常无礼，还会让你变得很尴尬。

初次见面，互通姓名和交换名片是很正常的事，而交换名片的过程也是有规矩的：

1.在交换名片时尽量使用名片夹，并放置于你的上衣口袋，一定不要放在裤子口袋中。

2.在自我介绍时，递名片应该用双手，微躬身子，恭敬地向客户递上名片。

3.当客户向你递出名片时你应双手接过客户的名片，认真地浏览一遍之后慎重地收藏起来。

4.遇到比较生僻的姓名时要向对方请教，不过要注意技巧。

5.当对方是两个人以上时，你应按职位将名片排好收起，并且按照顺序递出名片。

6.若名片放在桌上没有收起，应在交谈结束之后慎重地收起名片并向对方点头示意。

或许有很多销售人员会碰到这种情况，当你把名片递给客户之后客户却没有交换名片的意思，那么，我们该如何向对方索要名片，既保证能要到名片，又不能让自己显得尴尬。金牌销售有四种方法介绍给你：

1.交换法

当你把名片递给客户是时可以说："×先生，我们来交换一下名片吧。"这样对方就会把他的名片递给你。这就是最常见的方法。

2.激将法

在商务场合总是会发生这样的情况，就是当你把名片递给客户之后，客户并不了解你，也不摸你的底，只是淡淡地说一句谢谢，然后就没有了下文。此时你可以采取"激将法"，当你把名片递给他的时候，可以寒暄一下说："××先生，不知道是否有幸和您交换一下名片？"这时，你将他一军，他也不忍落了你的面子，不会生硬的拒绝你，因为这不符合常理。

3.谦恭法

这种办法主要是面对尊长、名人或者大客户和 VIP 客户时用的方法，在递给对方名片时可以说："××先生，认识您十分荣幸，我刚才听到别人谈论您的创业史，我十分钦佩您（赞美对方），不知道以后有没有机会向您请教？"

4.平等法

这种办法一般是上级对下级、长辈对晚辈、平级对平级之间，在使用平等法时可以说："你好，认识你十分荣幸，听说你是从事××行业，我自己也是这个行业的人，我想以后时常和你探讨一些问题，不知如何联系你？"这就是平等法，平等法和谦恭法最大的不同就是说话语气的不同，谦恭法是："不知道以后有没有机会向您请教？"而平等法是："不知如何联系你？"其隐藏的含义就是我以后怎才能联系你，你要是看得起我你就给我名片，要是看不起我我也有其他退路。

最后，我们来介绍一些交换名片的姿势、动作、着装等礼仪：

1.服装

销售人员一定要注意自己的外表修饰。整洁的仪表代表着对对方的尊重。

2.姿势

销售人员在走向客户时一定要注意自己的身体姿势和面部表情。正确的姿势应该是抬头挺胸、面带微笑。抬头挺胸可以散发销售人员的自信，面带微笑可以体现出你良好的心态，传递给客户良好的心情。

3.取名片的动作

销售人员应该多加练习取名片的动作。能够姿势优美地打开名片夹并把名片递给客户能给客户留下一个很专业的印象。

4.眼神

在递出名片的过程中，销售人员要注意一直以温和的眼神注视着客户，以温和的眼神注视着客户会给客户留下一个你是一个很谦逊的人的印象。

5.递出名片

销售人员不仅要在取名片时动作优雅迅速，在递给客户名片时也要流畅迅速，以双手奉上，方便客户取拿，在接过名片时也以双手取回。而且要落落大方地将自己公司的名字和自己的名字清楚准确地告诉客户。

销售人员在递出名片之后，应该稍加停顿，随后礼貌地向对方索取名片（根据不同的客户使用不同的方法），自始至终，销售人员都要处于主动的位置，掌控整个场面，让双方交换名片的过程无比顺畅。在这样的引导下，你能给客户留下一个良好的第一印象。

"迟到"这件小事，千万不要做

销售人员最忌讳的便是迟到，因为不准时赴约就代表你不把对方当回事。如果你在与客户第一次见面时就迟到，那么客户肯定会在心底认为你是一个不专业、不靠谱的人。而有些人总喜欢给自己的迟到找原因，其实这是对工作的懈怠，有时候，你迟到三分钟可能就会错失一笔 300 万的生意，这毫不夸张。而想要避免迟到，就要提前做好准备。

俄罗斯《真理报》针对上班迟到进行过一项调查，调查结果发现：24%的人每个月上班要迟到 10 天，13%的人每个月要迟到 2 天，还有 10%的人每个月会迟到一天，而更有甚者每个月甚至会迟到 20 余天。

当然，如果偶尔因为急事耽搁了无可厚非，但是倘若迟到成了家常便饭，那么你就有可能是患了强迫症了。

萧逸经常会迟到，同事和朋友们都叫他"迟到大王"。后来他把闹钟从早晨 7 点调到 6 点半，但是仍然无济于事。他总是会告诉自己，再睡 5 分钟、再睡 5 分钟，最后到了公司时却已经迟到，而且即使提前起床，他也会反复地在镜子面前看自己仪容是否整洁，胡子刮得是否干净，总之每天都要迟到5分钟。

其实这就是强迫症。这类人在潜意识中给自己设定了强制性程序，只有将这个程序完成，才能踏踏实实地做另一件事。而萧逸，就是已经把迟到当作一件必须完成的事来做了。

除此之外，还有一些爱迟到的人受另一种强迫。那就是给自己设定一个时间"底线"，他们会看着表出门，如果他们心中的预想是7点半出门，那么即使差1分钟，你都休想让他们走出家门。一旦路上遇到意外情况，迟到也就在所难免了。

一般人看来，不准时赴约就是不尊重他人。如果某些人十分守时，那么人们就会认为他是一个做事有原则的人，就会乐于跟他交往，相反，如果一个人总是迟到，那么人们就会在心里认为他是一个不专业、不靠谱的人。

对于工作的厌倦也是迟到的一大原因，尤其是那些为迟到找理由的人。有1/5的人都会为迟到编造理由。

而且推销员迟到不仅会影响自身形象，还会影响客户的心态和你自身的状态。

好的状态来源于好的心态，想要在销售过程中有良好的表现就应该提前做好准备。比如提前10~15分钟到达约定地点，你可以先熟悉一下环境，让稍后的谈话进行得更顺畅，否则一旦迟到，你就会心怀愧疚，进而影响交流时的逻辑思维和语言表达。而且提前出门即使遇到堵车等突发情况也有一定的余地可以避免迟到。如果路程较远，宁可提前出发半个小时甚至一个小时，但是早到之后不要提前出现在预定地点，否则客户很可能会因为手头还有没忙完的事儿觉得不方便。

当然，如果是因为不可抗拒的因素导致迟到是可以原谅的，比如车祸、天气等原因，只要和客户真诚地解释，客户大都也会表示理解。以下是几种避免迟到的小技巧：

1.学习安排时间

销售人员可以给自己制定一个严格的时间表张贴在显眼的地方，把工作安排或者和客户约见的时间都标注清楚，并且留出足够的准备时间。

2.换位思考

把自己放在对方的位置上，当你和别人约好时别人经常迟到你会有什么感受？也许这会使你懂得尊重他人的时间。

3.多做心理调节

放轻松一点吧，让所有的事情都顺其自然：家里没有收拾干净，那就让它乱着吧；头发有些脏，那就再忍一忍；要以约定好的时间为主，长期如此，你就能克服焦虑的情绪，打败强迫症。

4.通过日程安排来提醒自己

比如你要去一个地方，你首先应该找出最简单的路程，计算一下去那里需要多久，随后提前 10 分钟出发，最好尽量准时到达。

5.让他人提醒

如果你自己实在没有办法克服自己的强迫症，不妨让周围的朋友同事来提醒你，你可以告诉他们："我等会儿有重要的约会，你要及时提醒我。"

6.做一个时间上的悲观者

如果你在每次赴约时都假设路上会出现特殊情况耽误时间，那么你就会每次都提前一点出门了。

7.学会优先排序

如果迟到是因为有很多事情无法做完，那么你可以改变一下自己的现状，按照事情的轻重缓急来排序，否则只会让你每件事都做不好。

8.诚意待己

迟到也是对自己的一种不尊重和不负责，它会让你在别人眼中显得没有组织性和自律性，会让你十分尴尬，所以你要记得遵守时间。

初次见面，别冷场

销售人员在第一次与客户见面时应先从寒暄入手，即寻找一个客户感兴趣的话题来共同探讨，从而自然而然地拉近彼此距离，待双方熟悉一些后再适时地把话题切入到正题中。而寒暄最重要的就是话题的选择。

俗话说得好："商场如战场。"每位销售人员在进行销售的时候都避免不了进行应酬，而在初次见面时，由于双方互不熟悉，所以会觉得无话可说，最终使气氛变得尴尬，冷场。而以下是几个从第一印象中寻找话题的方法和技巧。

1.从对方的口音中寻找话题

一个人的口音就是一张生动的名片，从对方的口音中，销售人员可以听出客户的祖籍，起码说明他在那里居住过。此时销售人员可以从这种口音本身所提供的地域来开展许多话题。例如，从该地域的地理位置说到风土人情，从特产说到名胜古迹等。

2.从相关的物件中寻找话题

当销售人员在客户那里看到某种自己熟悉的物品时，不妨从这个物品中开展话题。例如，在客户的办公室看到一件古董花瓶，而你恰恰懂得一些古董知识，此时你就可以根据这个花瓶来展开话题，用试探的口气来问对方这个花瓶是否是某某年代的古董，以此找到说话的机会。

3.从对方的衣着打扮中来寻找话题

一个人的衣着打扮可以在一定程度上反映出一个人的身份、地位和气质，而这同样也可以作为你判断并且选择话题的依据。比如，你的一位陌生客户开着豪华的跑车，穿着高档的西装，手上带着名贵的腕表，那么你可以主动问："如果我没猜错您肯定是一位成功的老板，而且是大老板。"如果此时对方的身份正巧被你言中，那么对方就会有几分吃惊地说："你还真是好眼力。"接下来，你就可以和他谈很多有关于企业生产、经营管理的话题了。而且，即使你猜错了也不要紧，对方心里也不会介意，并且礼貌地说出自己的真正身份。只要对方友好地回答，双方就等于接触上了，于是也就有了交谈的话题。

4.从公共事物中寻找话题

所谓的公共话题就是人人都知道，而且易于谈论的，比如气候、新闻、时事、运动等。

拿气候来说，气候是最容易交谈的话题，因为人人都可以感受到。而谈论气候的开头语往往是"今天的天气真不错啊""这两天天气又降温了，可真冷啊""这天可太热了"一类的。

除了天气之外，销售人员还可以与客户谈论新闻。比如哪里发生了新鲜事，或者欧冠哪支球队夺冠了一类。当然，如果客户对这一类话题不感兴趣，就要立刻停止话题，换一个客户感兴趣的新闻来讲。

以新闻当话题时，开头语可以用"昨天的新闻说""我听别人说""曼联昨天夺冠了您知道吗"之类的。

5.从客户的特色爱好寻找话题

每个人都有自己不同的爱好。如果客户喜欢听歌，你就可以与客户聊一聊音乐，比如最近哪个明星又出了哪张新专辑，参加哪一场演唱会之类的；如果你的客户是个"车迷"，那么你就要花一些时间去了解一下那些各类品牌汽车的知识了。

在打开话题之后，如果客户对他的特色爱好滔滔不绝，那么你可以适当地赞美客户是这方面的"专家"，这样一来，你就成功地取得了客户的见面权了。

6.从既有的事物中寻找话题

如果场合适宜，说几句"今天天气真好"之类的话无可厚非，但是如果不分时间地点一味只会说"天气真好"则难免有些滑稽了。因此，销售人员最好还是结合所处的环境来就地取材引出话题。如果是在客户家中，不妨赞美一下客户的室内装修，或者问问电视机的性能如何，是什么牌子的，或者谈一谈客户家的画是如何漂亮，等等。这样的开场白其实并没有什么实质性作用，只不过是为了使气氛更加融洽一些。因此，当你评论某种东西时不要以挑剔的口吻，多用"这房间布置的真漂亮呀""这幅画可太有艺术气息了"之类的话语。总而言之，采用赞美的语气是最得体的办法。

第五章
买不买，由客户决定；想不想买，你来决定

很多时候，客户并不想买，或者说，他们根本没有意识到自己需要购买某种商品，销售人员如果能够激发客户的兴趣，那必然事半功倍。成功的经验告诉我们：购买的决定权在于客户，如果强卖，那只能以失败告终；而购买的决定权在销售人员的手中，客户没兴趣，就制造兴趣。让客户的购买自动自发，才是真正有效的销售技巧。

以好奇开始

激发人们的好奇心十分简单。在生活中，有一个引起人们好奇的最简单办法—— 一句话："你猜怎么着?"每个听你这么说的人大都会转过身，停下自己手头的工作，然后说："怎么了?"就这么简单，他人的好奇心被你激发起来了。而此时，他们的注意力全都已经集中在你的身上了。

通过问一些简单的问题也可以达到类似的效果。比如，当你问对方："我可以问您一个问题吗?"如果对方给你一个肯定的答复，那么，此时他就已经好奇你要问他什么了。你不妨亲自试一试，走上去对一个人说："我可以问您一个问题吗?"这个问题会让对方停下手头的工作来注意你，因为他们本能地会好奇你会问什么。

在销售的过程中，销售人员不可能占用潜在客户很多的时间。所以此时，你就要在最初的几分钟吸引客户的好奇心，通过一些令客户好奇的话语或者问题来吸引住客户。而后你就可以展开你的推销了。要记住，你能够在多大程度上激起客户的兴趣，这将会决定你的销售过程是就此打住还是继续进行。

激起客户的兴趣只需要 1 分钟，但是它会给你一个机会去建立一个可能维持一生的关系。

这一点十分重要，因为大的销售往往是由小的成功积累而成，如果你能够一直吸引客户的注意力，那么你就可以获得更多的推销机会。举个例子，有一位金牌销售人员在探寻客户的需求之前总是会说："我可以就您当前的……情况问一些问题吗？"同样地，这位金牌销售在每次提建议之前也会说："您想了解我的一些建议吗？"他会用提问贯穿整个销售过程，这个小技巧比单刀直入向客户推销有效得多。

需要说明的是，在销售过程中销售人员可以精心利用客户的好奇心，但并不是想要操纵他人。恰恰相反，提出问题以得到客户的许可不仅仅是一种礼貌，更代表你对客户的体贴，并且尊重他们的需求。设想一下，客户怎么会不喜欢尊重他们空间和时间的人呢？

除此之外，我们还发现，诱导好奇心的因素归纳起来，大约有五个。我把它们称为好奇心诱导因素，分别是：煽动性问题、部分信息、价值展示、新奇性及推动力。

1.煽动性问题和煽动性陈述

煽动性问题（和煽动性陈述）旨在引起人们的兴趣，促使人们想知道为什么你要如此问或如此说。前面我们曾经指出，抓住别人时间和引起其关注的最简单方法是问："你猜怎么着？"这就是煽动性问题的实例，能够促使人们想去了解"是什么"。同样当你问"我能问你一个问题吗？"也会产生同样的效果，无论是谁都一定会回答"可以"，但同时他们也开始猜测你准备问什么。

除了在销售初期引起客户的兴趣，在随后的销售过程中也有很多机会利用煽动性问题和陈述来引导潜在客户做出有利决定，这样的例子数不胜数。

2.部分信息

一些销售人员总是喜欢花费大量时间，试图去满足潜在客户的好奇心，却不花费时间去引起客户的好奇心。他们仅仅设想其价值在于所提供的信息，所以总是费尽口舌地介绍其公司和产品的特色及价值。

但是，如果你赞成好奇心是打开销售局面的关键，那么满足潜在客户的好奇心就会削弱促成进一步联系的动力。想一想，如果你所联系的潜在客户已经有了他们需要的所有信息，那么他们根本没有必要与你会面。同样，如果潜在客户在初次见面时对你不感兴趣，那么就没有必要进行下一步的介绍了。因为他们可能已经获得了所有想要的信息。如果潜在客户在你的介绍中得到了他们所需的所有信息，就没有必要继续进行会谈了。

普通销售者试图满足潜在客户的好奇心，顶尖销售者试图引起潜在客户更大的好奇心。

如果希望你的客户有深入了解信息的愿望，那么你就不要预先告诉他们你所知道的一切信息，你必须学会吊足他们的胃口。也就是，分享足够信息引起他们的兴趣并与你交流，但要把握好尺度，不能削弱客户向下一步销售进程迈进的动力。

在下列使用部分信息使潜在客户感兴趣的例子中，假设销售人员遇到了潜在客户并说：

销售人员："李先生，您好，我们的工程师前几天对您的内部系统做了一系列测试，发现您的系统存在严重的漏洞。"

客户："什么漏洞?"

如果有人告诉你你的电脑存在严重的漏洞，你会不感兴趣吗？答案是你会感兴趣的；在此情况下，你会想要了解更多。一旦引起了客户的关注，你就可以通过问另外的问题适当调整谈话。

销售人员："在研究您的内部系统的过程中，我们发现您的防火墙出现了严重的漏洞。但好消息是，我们有了解决方案。您能和我们讨论该问题并找出最佳的解决方案吗？"

部分信息在销售过程后期也是一种非常有效的策略。好奇心能促使潜在客户参加介绍会，也能使决策者坐在谈判桌边规划采购细节。如果你想达成交易，例如，你可以这样说：

销售者："王女士，您好，几周前我们向贵方就即将开展的项目提交了一份方案。如果我们的方案能够使贵方在三个月内提升20%的生产率，您愿意见面与我们详谈采购细节吗？"

这时客户可能会说："对不起，我们还没有这个想法。"但是过了几天，他们可能又会说："当然可以。"事实上，大多数潜在客户都会说"可以"，因为他们想对"特殊刺激"了解更多。记住，此处你并非要求对方一定要购买你的产品，你仅仅是在询问潜在客户是否愿意坐下来讨论一些对双方都有益的事情。

一些销售人员对"部分信息"的概念提出了质疑：他们担心保留一些信息会违背整体性或看上去不专业。如果你有类似想法，那么试想一下：你与一位陌生客户的最初交流通常会持续多长时间？5分钟、10分钟还是15分钟？潜在客户很忙，事实上对于销售人员来说，不可能在如此有限的时间内清晰表达出其方案的价值。你不可能在一次会面或销售电话中覆盖所有特色、价值、成本比较、配置细节、升级选择、支持选择和保修信息等。因此，销售人员总是倾向于采取部分信息的方式，无论是否喜欢这种方式。现在的问题是，你所说的能满足潜在客户的好奇心吗？或能使潜在客户想了解更多吗？

采用部分信息引起客户兴趣需要注意的一点是：切忌表达含混不清。潜在客户会把太过含糊的信息视为欺诈或不重要的信息。这就是为什么我们建议你采取部分信息的方式，与足量信息正好相反。

3.价值展示

另一种引起客户兴趣的方法是采用"价值展示"。这是一种很好的策略，因为在潜在客户面前展示有价值的利益会促使他们想了解更多信息。当然，如果他们要求更多信息，你就达到了主要目的。你已经引起潜在客户的足够兴趣来邀请你进一步讨论其需求与你的方案之间的吻合。这种方法实际上结合了煽动性问题和部分信息的方式，向潜在客户展示他们也可获得的价值。此类例子很多，此处仅列出几例：

销售者："客户先生，您好，如果我们的产品能使您公司节约20%的采购成本。您愿意看一看演示吗？"

"只需要您的投资策略做一点点改变，您的回报就会大幅增长，您愿意听我详细介绍一下吗？"

"其他客户通过我们的产品，已经节省了大量费用，您想知道他们节约了多少吗？"

多向客户谈一些价值展示。谁不想了解如何节省采购费用或增加投资回报呢？销售人员在适当的时候一旦问到其中任何一个问题，大多数潜在客户会做出本能反应，想了解更多信息。现在，你就有了感兴趣的客户愿意为你花费时间。

4.新奇性和独特性

新事物总是令人兴奋的，人们总是想"一探究竟"。更重要的是，他们不想落伍。也许这可以解释为什么潜在客户和客户对于新产品和即将发布的公告信息总是不满足，同样，这也为你提供了约见潜在客户的机遇（或重新约见老客户）。谈话范例如下：

销售人员："王先生，您好，我们在过去5个月中发布了27个公告，其中5个直接关系到贵方的业务，因此我想知道您是否愿意了解相关形势。"

如果新公告与潜在客户的业务相关，上述做法当然行得通。如果潜在客户愿意签署保密协议，你可以通过与其分享未来计划使该诱导行为变得更具独特性。那么假如你的产品确实对其业务有价值，他们如何得知呢？答案是，通过更深层次的讨论，了解客户需求和你的方案。

5. 利用动力

最后但很重要的一点是，动力是另一个极有影响力的兴趣诱导因素。销售者可借助动力抓住潜在客户的时间和注意力。在销售中你可以试着说："坦白来说，客户先生，我们已经找到解决贵方行业中许多客户目前面临的一系列具体问题的解决方法。"

潜在客户："什么问题？"

当潜在客户听到你"解决一系列具体业务问题"时，他们当然想知道是什么问题及如何解决问题。恭喜你，你成功了！

"销售是一种创造行为。"显然，单个销售人员必须使自己与众不同，你的同行也在为争取潜在客户的时间和关注而努力着。突出自己的最有效方法之一就是利用好奇心。如果你能使潜在客户感兴趣，你将能发掘更多的新客户，发现更多的需求，传输更多的价值，达成更多的目标，因此，你的销售业绩将会大幅增长。但是这一切是建立在合适的好奇心策略之上的。

而合适的好奇心策略不仅取决于你是否留下有趣的电话留言、发送吸引人的电子邮件或直接与潜在客户会谈。它还取决于你是利用现有的了际关系网还是试图从头开始发掘新客户。一方面，你不想太过于冒险，另一方面，你又想鼓足勇气成功约见潜在客户进行谈话，因为这可能会创造机会，但是你害怕被客户拒绝。没关系，当客户拒绝时自有相应的应对方法。所以，你要做的就是，大胆地去吸引客户，引起客户的好奇心，利用客户的好奇心来做成生意，提高你的销售业绩。

现在，意识到了使某人感兴趣并非销售过程的终点。相反，它只是起点——因为好奇心将帮你确保潜在客户的时间和注意力，以便建立起你的客户信任感、建立关系、发现需求、展示方案并将机会向有利于做出采购决策的方向推进。

先成为朋友

想要激发出客户的购买欲，那么最基本的条件就是要取得客户的信任。因为只有客户信任你，才能正确、友好地接受你的帮助，理解你的观点和理由。

人本身就是一种情绪化的动物，而客户也不例外，大部分人的购买欲都是建立在情绪化的基础上的。而销售工作是建立在信息传递、情绪转变等感性基础上的。销售人员绝对不可以把消极的情绪传递给客户，因为这样做的结果只有两个。一是，销售失败。二是，给客户留下一个坏印象。

在说服客户购买你的产品时，最重要的就是取得客户的信任，这是本节第一句就已经阐明的观点。社会心理学家认为，信任是人际沟通的"桥梁"。只有对方信任你，才能理解你友好的动机，反之，如果对方对你怀有戒备，那么即使你发掘客户购买欲的动机是好的，也会经过"怀疑"的"过滤器"作用变成其他东西。因此，在激发他人购买欲时获得对方的信任是十分重要的。

有推销热忱才能有购买热忱。销售人员如果具备了"热忱"这一点，那么客户即使有再大的意见和抗拒也能被你轻松克服。无论接待什么样的客户，你都尽可能去考虑会给客户留下什么样的印象。丧失热忱就如同丧失活力，郁郁寡欢的推销员是无法成功的。

中国的传统文化自古就是伦理文化，而在"情、理、法"中，是"情"字当先。你或许听过这样一句话"先交朋友，后做生意。"事实也的确如此，只有先和对方建立良好的朋友关系才能使双方合作愉快。

对于一位推销员来说，在试图说服客户购买你的产品时，一定要避免心浮气躁或卑怯胆懦，应该以平常心待之。当客户理解你的真心时，销售自然可以顺利往下进行。如果客户不理解或者不接受你的推销，那么你不妨换个角度做工作，直到获得客户的认可。也就是说，在推销产品时应先和客户交心，在获得客户好感之后再与客户谈生意。此时说出的话要比上来就平铺直叙地推销更有说服力和冲击力。相反，如果销售人员心浮气躁，急于求成，那只能让客户生厌，不但达不到自己的目的，也会失去客户对你的好感。

换言之，推销员要以朋友的角色、关系和身份对客户进行多方位、立体化的服务。

其实，"朋友"指的就是彼此有交情的人。通过与客户交心，把客户从上帝、购买者的身份转变为"朋友"的关系。日本的商场就十分倡导销售人员与顾客建立朋友的关系，为客户进行"人性化、亲情化、个性化"的服务，成为客户真诚的朋友、购物顾问和参谋。无论是在售前、售中还是售后，销售人员的态度应该始终如一，从而实现"以客户为中心，让客户在购物中感到愉快"的目标。而达到这样的目标，销售人员也就能轻易地开发客户的购买欲了。

对于一名销售人员来说，一切都是为了说服客户购买你的商品。然而，要想让客户和你做成生意。除了为客户创造更多他们所认同的价值之外，更要真诚地对待客户，与客户成为"交心的朋友"。把销售人员与客户之间的关系看作普通朋友之间的关系，只有真诚才是建立良好关系的关键。只有真诚的地待客户，才能更透彻、更全面、更深层地了解客户的需求与偏好，从而更容易达到激发客户购买欲，最终购买你的产品的目的。

从某种意义上来讲，当销售人员和客户之间感情融洽、与客户心灵相通时，销售人员才能在和谐的气氛中使自己的话更具有说服力，由此才能更好地推销产品。即使是双方第一次见面，销售人员也可以找到双方的共同点来使客户成为自己的朋友，有了这一层关系，就等于为你铺好了人际关系网，做起工作来也会得心应手，激发客户的购买欲也就简单了。

要记住，当你第一次与客户联系时，就应该把自己当作客户的合作伙伴。暂且忘掉你卖产品的目的，要把自己当作是为客户解决困难而来的。你要把客户当作自己的朋友，把客户的问题当成自己的问题。作为一名销售人员，你首先推销的并非是客户的产品，而是你自己。如果你连自己都推销不出去，那么又如何让客户对你的产品产生购买欲呢？

销售人员一定要清楚，在与客户交往的过程中，你代表的不仅仅是你自己，还有你背后的整个公司。你要把客户的挑战看作你的挑战，客户的目标看作是你的目标，与客户患难与共，最重要的是帮他们摆脱困难。甚至对那些根本不打算购买你公司产品的客户投去关爱的目光。因为他们都是你潜在的客户，说不定哪天就会有生意上门，你不应忽视他们。

有一位保险行业的销售人员曾坦言，他之所以能够常年保持非常好的业绩，拥有上百位客户，而且客户数量一直在飞速地增加就是因为老客户很信任他，常常为他介绍新的客户。他经常和客户交流，与客户建立了很好的私人友情，他经常和客户一起出去郊游、聚会，关系十分融洽。当然，在客户有困难时他也会积极主动地为客户提供帮助。

对于所有的销售人员来说，说服客户购买自己的产品是最终的目的，而在进行推销之前，先交心后交易的方法不失为一种激发客户购买欲的好办法。

以真诚之心开启情感互动

　　想要激发客户的购买欲，感情投资也不失为一个好的方法。感情投资分很多种，但是最有效的一种就是"投其所好"，首先你要对客户的喜好有所了解，这样你们相处起来才能变得融洽，而且也可以缩短你与客户之间的心理距离，有时甚至可以使有矛盾的双方化敌为友，让生意变得无比顺利。

　　隆巴顿先生是电力公司的销售人员，有一次，他看到一家农舍的房子很宽敞明亮，于是他便上前敲门，当女主人邓布利多太太拉开门的时候，隆巴顿先生说明了自己的来意，但是邓布利多太太还没听完便不耐烦地把门"砰"的一声关上了，隆巴顿先生再次敲门，此时女主人邓布利多太太回应他的却是一连串破口大骂。

　　隆巴顿先生通过一些渠道了解到邓布利多太太养的母鸡很好，于是他立刻改变策略。当他再次来到邓布利多太太家门前时，他温和地对女主人说道："邓布利多太太，您好，真是非常不好意思打扰您，其实我今天并非是专程推销电力的，我只是听说您家养的母鸡很好，我想买一些鸡蛋。"

邓布利多太太此时把门打开了一点点，目不转睛地盯着隆巴顿先生，脸上充满了怀疑之色，于是隆巴顿先生继续说道："听说您家养的母鸡都特别健壮活泼，我家根本养不出来，养一只死一只。今天我太太想做一些蛋糕，您也知道，蛋糕最好用黄褐色的鸡蛋，用白色的鸡蛋会差好多，所以我特地冒昧来向您求助了。"

邓布利多太太听完隆巴顿先生的话脸上立刻露出了开心的笑容，她打开门请隆巴顿先生进入自己的院子，隆巴顿先生观察了一下院子里的设施，随后说："亲爱的夫人，我相信您养鸡赚的钱一定比您丈夫还多，天哪，这简直太完美了。"邓布利多太太听到这话就更加开心了，因为长期以来她养鸡都没有得到她先生的认可，难得今天遇到了一位"知音"，于是她便主动邀请隆巴顿先生来参观自己的鸡舍，并向他介绍自己的养鸡经验，在隆巴顿先生的有意引导下，谈话的内容很快就聊到了用电对养鸡的好处。

两个人越聊越投机，半个月之后，隆巴顿先生所在的公司收到了邓布利多太太寄来的用电申请书，而此后，邓布利多太太周围的邻居也不断向电力公司提出用电申请。

从这个例子中我们不难看出，销售人员和客户之间的关系其实不是对立的，更不是此消彼长的，而是应该互惠互利的。因此，在谈生意的时候，销售人员应该像对待老朋友一样对待客户。要亲切友好，不要因为顾客一时的态度不好而斤斤计较，要把眼光放长远一些，使彼此的交往更加融洽。

在很多销售人员的思维中，与客户谈生意就是为了赚钱，双方会为一点蝇头小利而拼得你死我活。而事实上，相互争斗不但会伤了和气，还会使双方都蒙受损失。而友好的谈判则可以让双方在和谐的气氛中建立良好的关系。

生意最需要真诚，只有在彼此信任的氛围中才能取得好的结果。在谈判之中，销售人员应该对客户表现出足够的理解和尊重，消除客户的抵触情绪，让彼此的感情升级，从陌生人变成真正的朋友，这样才能顺利地进行交易。

乔·吉拉德是美国最著名的汽车销售人员，他平均一天能卖出6辆汽车，他是全世界很多推销员的偶像。下面是乔·吉拉德的一次推销经历：

有一天，乔·吉拉德像往常一样在汽车展销厅推销他的汽车。此时展厅中进来了一位中年男士，他说他需要一辆福特轿车，最好是黑色的，因为他比较喜欢黑色，而且他的表哥也拥有一辆那样的车，看起来十分漂亮。而刚才在对面车行的时候，他们说没有现货，要等1个小时，所以他想先到处看看。这位先生还透露了一个信息："今天是他公司开业的日子，他希望把这辆车作为自己创业成功的礼物。"

"哦，祝您生意兴旺！先生。"乔·吉拉德诚恳地对这位先生表示祝贺，随后又带这位男士到展厅中四处观察，乔·吉拉德先让这位先生看了一下汽车模型，随后自己出去了一趟，而后回来对这位先生说："先生，您最喜欢的颜色是黑色吗？那现在我给您推荐一辆我们的新产品，希望您能喜欢。"刚说完这句话，一位女性工作人员捧着一束鲜花走来，随后她满脸微笑地把花递给了这位男士并真诚地说："祝您生意红火，开业顺利，先生！"中年男士大吃一惊，随后感动得眼圈都发红了。"我开始创业没有一个人为我庆祝，他们都认为我不会获得成功，所以没有一个人向我祝贺，没想到你们竟然会送我花，我太感动了。"这位男士激动地说。

"对面那位销售人员或许是看我穿着寒酸，认为我买不起福特车，所以对我不理不睬而且告诉我没有现车，所以我才到你这里来，其实我也未必要买福特，你的雪佛兰也不错！"说完这句话，这位先生爽快地签订了购车协议。

这位先生之所以改变了购买福特车的意愿而去购买吉拉德的雪佛兰，正是被吉拉德的关怀所感动了。吉拉德推销成功的方式并非是花言巧语，而是巧妙地利用了客户的感情需要，因此顺利地促成了交易。

这就是著名的"情感营销"，用客户不同的情感来做推销活动的出发点，根据情感需要来制定不同的推销方式。情感推销最注重的就是销售人员和客户之间的情感互动，而这种互动可以通过各种各样的方式来实现，比如联谊会、沙龙等。它最大的优点就是可以通过销售人员和客户之间的互动来增进双方对彼此的了解。销售人员通过交流和沟通可以了解到客户的感情需要，在了解之后销售人员就要去尽量满足这种需要，这样一来就可以让客户对你产生信任，推销也就可以顺利完成。

打破戒备的心墙

在现实生活中，很多人都对免费的商品或者是服务心存戒备，不会随便接受他人的馈赠，害怕其中有"阴谋"让自己吃亏。其实，这样的担心不无道理，这其实就是人们心中一种互惠的力量在"作祟"。对方给了你好处，你从心里觉得应该以同样的好处回报对方，如果不这样就会感到不安。

中国人最讲究"礼尚往来"，如果一个人帮了我们一次忙，我们就会找机会帮他一次；一个人如果送了我们一份节日礼物，我们也会在下个节日回赠他礼物；一个朋友邀请我们参加他的家庭派对，我们在自己家里举行派对的时候也会去邀请他；一个朋友请你去看场最新的电影，我们也会找个时间回请他看一场最新的电影。这些都是互惠效应的表现。

对于销售人员来说，如果能把这种效应巧妙地运用到销售中去，也能产生很积极的效果。你想获得什么样的回报，往往不在于别人想要给你什么，而是你曾经给了对方什么，当你真心实意地为他人做了一些事，给他带来一些利益的时候，对方就会想方设法来报答你为他做的一切。

一天，阿不福思·唐克斯先生接到一个电话，对方自称是煤气管道安全协会的服务人员，询问阿不福思·唐克斯先生是否愿意让人到他家进行一次煤气管道安全隐患检查，如果他肯接受，工作人员还会送他一个保温壶来答谢他的配合，而且这一切都是免费的。

　　阿不福思·唐克斯先生对此很有兴趣，他欣然同意对方来自己的家中检查，于是双方约好了第二天上午见面。

　　到了第二天，果然有一位小伙子来拜访阿不福思·唐克斯先生，他对阿不福思·唐克斯先生家中可能引起煤气泄漏的地方进行了仔细检查，还免费送给了阿不福思·唐克斯先生一个小巧的保温壶。在临走之前，他还给阿不福思·唐克斯先生的全家讲了一些预防煤气中毒的常规知识，并对阿不福思·唐克斯先生家中的安全隐患做了一个评分。这位小伙子所做的一切让阿不福思·唐克斯先生感到十分满意和感激，觉得自己从中受益良多。

　　此时，这位小伙子话锋一转，告诉阿不福思·唐克斯先生根据他家中的安全隐患不如购买一套家庭排气系统。全家人对此十分感兴趣，连忙问小伙子哪里可以买到，此时小伙子说："如果您真的需要，我可以免费帮您联系。"阿不福思·唐克斯先生说："哦，这可太感谢你了我的孩子，我这就付账，真是太谢谢你了！"

　　这位小伙子之所以能推销成功，正是因为他利用了客户的互惠效应心理，人们在社会交往的时候，互惠效应更多地被用在相互协作达成一致使双方都受益的层面上。互惠原则是人际交往当中的一项重要的准则，只有交际双方都遵守这个准则才能符合社会的规范，违背了它就会被无情地唾弃。朋友间的友谊，客户与销售人员的关系都符合这个规律。因此，只要销售人员善于利用这一效应，就能为销售人员在建立客户关系的时候带来很大的帮助。

　　销售其实就是销售人员与客户之间打的一场心理战，要想在这场战争中取胜，不仅要有大智大勇，还要善于从心理上找到客户的弱点，让对方心悦诚服，而互惠就是一种攻破他人心理防线的很好办法，如果你帮对方一个小忙，给对方一些利益，当对方接受了你的恩惠，自然也会在他们力所能及的范围内给你一定的回报的，有时这些回报甚至是你意想不到的。

交流，以客户为中心

推销员要想让自己的业绩出色需要尝试着为顾客考虑，"顾客是上帝"如果能够站在客户的角度考虑问题，那么商谈也就变得容易了许多。如果在推销过程中有客户愿意接受自己的商品，那么，推销员要发自内心的表示感激，并对顾客时刻保持尊重，所谓"以客户为中心"也就是这个意思。

既然在服务的过程中顾客是真正的中心，那么推销人员就不可以过于随心所欲。将这种"为客户着想"的精神发挥到极致，便是销售诀窍所在。可以说，为对方考虑不仅仅是推销的秘诀，更是拓展人脉的关键。在双方交流中，若想让对方赞同自己的意见，则需要结合对方的客观处境为之找出确切可行的理由，这样一来便能够让对方对你产生一种亲近感，有一种"自己人"的意识，信任的产生能够让沟通变得越加顺畅。

每一个想要获得成功的人，都需要将着手的每一件事情都用心去做，他们在做事情的时候会经过细致的考虑，研究如何让事情能够朝最好的方向发展，为此他们当然也会采取一些必要的实际行动。推销员为了掌握客户的情况通常会在与之进行交流前进行必要的调查，比如，走访与之相关的人员，阅读有利于谈判的书籍资料，这样一来，他们在与客户面对面的时候就能够对其性格、爱好、职业、家庭和现实情况有一定的了解，通过对这些情况的分析便能够了解到客户最需要、最关心的究竟是什么，也能够将他内心所担忧的事情推敲出来。所以说，真正顶级的推销人员无一不是一个合格的心理咨询师。

正如"推销之神"原一平所说："一个杰出的推销员，非但是一位优秀的市场调查员，还必须是一个优秀的新闻记者。他需要在与客户进行会面之前就全面地掌握其信息，如此才能够在与客户进行会面交流时将对方的职业、子女、家庭状况，甚至他本人的故事细细道来，越是准确、越是逼真，越能够让双方的心理距离拉近。"

有一次，原一平准备走访某客户，于是便提前对这名客户的信息进行调查，但是从哪里作为切入点呢？一次偶然的机会，原一平了解到这名客户常常光临一家服装店并订购那里的西装，于是，他想到先从那位服装店老板下手来摸清客户的情况。为了获得客户的好感，原一平特意从该服装店订购了一套与客户一模一样的西装，不但衣袖、扣子一样，而且连领带都毫无差别。在约见客户的时候，原一平特意换上这套服装，双方一碰面，客户感到非常吃惊，尽管这是二者第一次会见，但是因为看到原一平就如同看到镜中的自己，所以客户不但没有丝毫的拘束感，反而觉得格外亲切，也更将这次的"撞衫"视为"英雄所见略同"的缘分。于是，一笔高额保费便诞生了。

每个人对自己的切身利益都倍加关注，所以，站在对方的角度考虑问题，往往能够起到事半功倍的效果。

将心比心，换位思考

要想说服客户购买你的产品，就要学会换位思考，把自己当作客户，设身处地地为对方想一想。从而使客户对你产生一种"自己人"的感觉。这样一来，对方就会信任你，就会觉得你是为他着想，你的话对客户就会有很大的效果了。

销售人员要设身处地地为客户着想，客户有什么问题，你就要及时帮客户解决。除此之外，如果客户有什么需求，你就要立刻采取行动，帮他挑选最合适的解决方案。比如客户需要一辆中档轿车，那么你就不要向他介绍高级跑车；如果客户想要一款省油的汽车，那么你就向客户介绍几款省油的汽车，让客户做选择。当你明白客户的需求之后，千万不要拖延，立刻行动，因为说不定客户会改变主意。即使不是这样，你的拖延也会让客户感到不耐烦，从而拒绝购买。"趁热打铁"是销售过程中最好的营销策略。所有人都关心自己的利益，从这个方面入手，往往会事半功倍。

例如一些楼盘的业主在出租的时候要求很高的租金，但是那些准租客却不能接受，于是谈判开始僵持。这时一位中介人员如果要说服业主就应该向他解释，租金太高，可能会租不出让房产空得太久，最终得不偿失。这就是站在业主的角度说话。反过来如果你对业主说，太高的房租会让租客压力太大，经营困难，那么你就是从租客的利益来出发，是无法说服业主的。

在日常推销中，很多销售人员喜欢将说话的重点放在夸赞自己的产品之上，忽视对客户利益的考虑，不把对方的需要放到应有的地位，无法使自己的产品和对方的需求联系起来，结果推销失败。而他们会失败就是因为他们没有重视客户的需求，作为一名销售人员，你要记住：客户最重视的并非是你的产品如何优秀，而是你的产品是否能够满足他们的需求。只有抓住这一点，你才能成功地激发客户的购买欲。

要想在销售过程中说服客户，就必须要站在对方的角度上为对方的利益考虑。简而言之，就是人们通常所说的将心比心，要学会设身处地地为对方着想。顶尖的销售人员都明白这个道理。

乔·吉拉德是美国著名的汽车推销大王，他曾经在推销过程对将心比心这个道理有过深刻的体验。

有一次，一位客户向他买车，吉拉德向这位客户推荐了一款新型汽车，而那位客户也对这辆车十分满意，并掏出 10 万美金准备购买。眼看着这笔生意就要完成了，可是对方却忽然离去。

为此，吉拉德郁闷了一个下午，他不知道对方为什么突然离去。到了那天晚上，他实在忍不住自己的疑惑，打了一个电话给那位客户："您好，我是吉拉德，今天下午我向您介绍了一款新车，您已经把钱掏出来了，为什么突然走了呢？"

"喂，你知道现在已经几点了吗？"

"实在抱歉，我知道现在已经是凌晨了，但是我检讨了整整一个下午和一个晚上，我实在想不出我究竟哪里做错了，所以特地给您打一个电话，希望您能指点我的疑惑。"

"你说的是真的吗？"

"当然，这是我的肺腑之言。"

"非常好，你有用心在听我说话吗？"

"我非常用心。"

"但是你今天白天根本没有认真听我说话。就在我填写购车单时，我提到了我的儿子即将进入哈佛大学念书，而且还提到我儿子的学习成绩十分优秀。但是你呢，却毫无反应！我儿子是我最大的骄傲，但是你却没有一点赞叹的话语，这让我很失望，因为你没有认真听我说话。"

吉拉德确实不记得对方说过这样一番话，因为当时他并没有注意。吉拉德认为生意已经谈成了，他当时并没在乎对方说什么，而是在听办公室另外一位同事讲笑话。

这就是吉拉德这次失败的原因：那个人除了买车，更需要他人对自己儿子的称赞。但是吉拉德却并不明白这一点。他当时只是想当然地认为"已经成交了"。这又怎么可能会不失败呢？对吉拉德来说，对客户的儿子称赞几句根本就无关痛痒，但是他却没有意识到这些无关痛痒的话对客户的重要性。在销售过程中，想要将他人说服就必须善于站在对方的角度考虑问题，只有这样才能达到你推销的目的：推销成功。

在一个家电商城有一位年轻的销售人员正在陪着一位中年妇女挑选电视，他们几乎把店内所有牌子不同型号的电视机都看过了，但是这位客户还是不打算购买。

此时，销售人员并没有催着客户选择，而是不急不躁地与这位妇女说起了家常，从中了解到她家中有一个瘫痪的婆婆，每天卧病在床，所以这位妇女想给她婆婆买一个电视机解闷。既然如此，这位妇女为什么还"举棋不定"呢？

原来，这位妇女有个心结：我婆婆瘫痪这么多年每天都是靠收音机解闷，我好不容易攒了1000块钱，一下子就花掉了，值得吗？对此，这位销售人员一面表示同情，一面在心里想道：看来，就电视机谈电视机肯定是不能做成这笔生意了，要另想一个突破口。

想到这，销售人员开口道："大姐，您的孩子上学了吗？"

顾客回答说："再过两个月就要读小学了。"

销售人员说："那我想您的孩子也需要一台电视机，因为他上了小学就要接触许多新的东西，而电视机是小孩子接触外界的一个十分便捷的窗口，如果有了电视机不但您的婆婆可以解闷，您的孩子也可以多接触一些外界的知识，何乐而不为啊！"

这番话朴实无华，但是却充满了动人之情，终于拨动了这位慈母孝媳的心弦，那位中年妇女高高兴兴地买走了一台电视机。

在这个案例当中，销售人员之所以能够成功地说服对方，就是因为他能站在那位客户的立场上想问题，使对方感觉到他的真诚和体谅，所以这位妇女才从犹豫到决心购买电视机。在这里，这位销售人员正是运用了将心比心的销售办法成功说服了客户。

从上面两个案例中我们不难看出：对于一个销售人员来说，换个角度，从客户的利益出发，也许获得成功的概率会更大。

恰当的点，专业的说明

当客户购买产品陷入彷徨和迷茫时就是你大展拳脚的最好时机，你要善于果断地提出专业性的建议和判断，这种建议可以帮助客户理清思路从而激发他们的购买欲。

对于销售人员所推销的产品，客户一般都会比较陌生。如果客户在向你询问时，你一问三不知，那么客户就会失去购买欲，从而导致生意失败。相反，如果你能掌握较为广博的知识，可以解答客户所有的问题，满足他们的所有需求，那么你自然可以激发客户的信心和购买欲。

销售人员的知识大都集中体现于产品介绍中，从产品的品质、品种、等级、规格、花型、色泽、款式到产品的历史、故事、趣闻、差距等，面对这么多种类，销售人员难道要一一对客户介绍吗？答案当然是否定的，正确的做法应该是根据不同的产品、不同的客户做不同的介绍。具体来说，要做到以下三点：

1.根据不同的产品特点来介绍

比如产品按购买的方式不同可以分为日用产品、选购产品和特殊产品。

日用消耗品一般价格较低，消耗比较快，不需要仔细挑选。人们对商标和厂家没有什么特别的偏好，通常会选择就近购买，属于习惯性日常购买。此时销售人员不必仔细介绍产品，应该迅速给客户取货算账，并且最好记住一些经常光顾的客户常买的东西，这样一来，客户一进门，你就可以招呼说："您来了，还是老样子?"这样客户就会觉得心里十分感动。

选购价格比较贵的产品时，顾客对其款式、质量、价格比较重视，但是如果一旦喜欢就会毫不犹豫地购买，属于冲动性购买。此时销售人员应该抓住客户的瞬间心理，对产品的价格、质量和款式等情况进行介绍。

特殊的产品就是一些为了满足消费者某些特殊爱好所订制的高档产品。客户对这种产品的厂家、品质、产地和产品的使用性比较了解，客户在购买这类产品之前会做一个详细的计划，属于计划性购买。此时销售人员应该较为细致地对客户进行介绍，服务一定要细心而周到，即使知道客户一时不买也要热情地介绍，只有这样才能为客户以后来你这里购买打下基础。

除此之外，产品还可以根据其经济周期分为三类，即试销产品、畅销产品和滞销产品。销售人员对不同的产品介绍也不一样。对于试销产品，销售人员应突出"新"字，并借此宣传该厂家的其他优质产品，以名牌产品来带动新的产品。对于畅销商品销售人员应该介绍畅销的行情，突出本产品的商标以及厂家，树立商品以及企业的市场形象。滞销商品则应该突出介绍其物美价廉、性价比高等特点。

2.根据客户固有的特点来介绍

所谓的固有心理，就是根据客户的年龄、性别、职业、阶层、民族等诸多要素所影响而形成的较为大众和稳定的心理特征。比如年轻人都喜欢猎奇、老年人都比较恋旧、女性大都喜欢砍价、男性比较重视质量；如同是女性，年轻的女性比较喜欢时尚活泼的产品，成熟一些的女性更喜欢稳重华贵一些的产品……这些心理其实都可以左右一位客户的购买心理。如果销售人员引导得好，就能使那些原本想要买的客户坚定自己的信心，让那些本来犹豫不决的客户做出购买的决定；如果引导得失败，就会使原本有坚定购买欲望的客户产生动摇，变得犹豫不决，让原本就犹豫不决的客户放弃购买。比如，在向年轻人推销衣物的时候应该着重介绍其款式新颖时尚，可以说"这是今年最新款，特别流行。"而对于老年人则要介绍其质量坚固、物美价廉，可以说"这是老字号的产品了，质量有保证。"如果你向老年人介绍其款式新颖时尚，那么客户很有可能会立刻放弃购买。

3.抓住客户的瞬间心理来介绍

客户除了会因为年龄、性别、职业、阶层、民族等诸多要素所影响产生固定的心理品行，还会因为时间、地点、人物、环境等因素产生一些瞬间心理，它也有可能会使客户突然改变购买的决定。销售人员如果能抓住客户的这种瞬间心理在推销时就会事半功倍。以下是抓住客户瞬间心理的几种方法：

（1）提醒客户某种时间或者事件

这是十分简单的一种办法，如"您看，这朵花是康乃馨，今天是母亲节，买一束回家给您的妈妈吧。"

如果是外地的客户，你还可以说"这是我们这里的特产，远近闻名，你出差来一趟不带一些给家人品尝吗？"

（2）分析客户的特点

通过客户自身的一些特点也可以创造这种瞬间心理，比如对一位身材高大的客户可以说"您身材这么高大，不如买一件大号的衬衣来衬托您的身材，你身上这件有些小了，不如来我们这里看一看。"

（3）引发客户的积极性

比如一件商品很多人都会买，那么周围的客户就会想："这是什么东西呀，怎么这么多人买？肯定是有便宜可占。"此时销售人员不妨就抓住这种心理，吆喝几句"快来看啊，来晚了就卖光啦。"把周围的客户都吸引到你的周围。

有意义，不如"有意思"

　　除了根据产品和客户的不同来介绍你的产品之外，你还必须要使你介绍产品的能力变得生动有趣起来，除了把握自己的声音之外，销售还要充分发挥自己的想象力。

　　要想使你的产品介绍变得妙趣横生，最基本的准备工作就是注意你的声音，你对产品的陈述、你的魅力，皆始于声音。用适度的声音来向客户介绍产品会让人觉得你亲切随和，不会感到压抑，至少不会引起客户的反感。如果你的客户乐于听你的介绍，至少表示他（她）开始对你的产品感兴趣了。

　　那么，你的声音究竟是什么样的？如何才能让自己最准确地了解到自己声音的特点？很简单，你只需要一个录音机。这是一种了解自我声音的好器材，你可以事先模拟推销，然后把自己的声音录下来，让自己听听是什么感觉。如果你觉得自己的声音充满自信和坚定，那么你就会比较容易打动客户，如果连你自己都觉得自己的声音有气无力或者尖声刺耳，那么最好先调整一下你的声音，做到让人听起来舒服为止。当然，你的声音不太可能达到播音员那样甜美动人，但是至少要让人们听起来不会皱起眉头。

无论在任何场合，你的声音都会透露你内心的情绪。你要注意自己的说话节奏，节奏快的话会让客户产生一种紧张和不安的感觉，你的声音如果过于低沉缓慢则会让客户觉得压抑不舒服。不过即使这样，也不要高声尖叫，那样只会让人觉得聒噪和反感。你必须以客户的语言来说话，话要说得清楚明白、流畅，要让双方都能听懂。如果在向一位学历不高的客户介绍时用了大量的英文单词，那么对方就有可能听不懂，进而会影响销售的效果。另一方面，客户会认为你是有意炫耀、嘲笑自己，故而会对你产生厌恶。客户是绝对不会花费大量的时间来琢磨你话语中单词的含义的，如果你把这种习惯用于幽默中，那么更会让客户觉得莫名其妙，从而怀疑你的产品是否有你说得那么好。

　　除了声音以外，一个有趣的产品介绍还离不开丰富的想象力。拿破仑曾说过一句名言："想象力支配全世界"。没错，想象力的确是上天赋予人类的一种武器。当你用想象力配合有技巧的语言，可以栩栩如生地给客户描绘出购买你的产品获得的价值和利益。要知道，产品是死的，而客户购买标准是活的，是可变通的，通过你的想象力，可以从不同的角度来改变标准。

　　至于究竟如何说，就要看你的想象力了。当飞扬的想象力和幽默结合时，你的销售就已经天下无敌了。

　　说起幽默，很多人都认为不过是一些博人一笑的插科打诨，上不了台面。其实这种看法大错特错了，幽默不仅可以博人一笑，还有许多功能。我们暂且来列举一些简单的，比如活跃气氛、增进友谊、提升形象、化解尴尬等。

大家都在买，你呢——牧群理论

何谓"牧群理论"？这是推销界最常用的一个比喻。你在日常生活中有没有留意到牛群的行进方向都是一致的，而且在一同行驶的过程中很少出现掉队者。

这是典型的群体效应。实际上，人们在生活中也往往受到此类效应的影响，以商业广告为例，打开电视机各种各样的产品在展示自己专长的同时也不忘将自己的客户群体展示出来，似乎是在向消费者传达一种这样的信息："我们的支持者是如此众多，你难道还不来加入吗？"这些被展示的"其他所有人"都有着一个共同的特点，他们根据产品的发展趋势来决定自己的购买方向，最终成为一道吸引人的风景线。

从消费者的购买心理来说，周围人群的购买趋势会在很大程度上影响个别消费者的选择方向。也就是说，大多数客户宁愿跟随其他人的步伐一同前行也不愿意单枪匹马地进行冒险尝试另类的商品。从心理学上来说，庞大的客户群体能够影响另一批潜在客户，所以，当潜在客户看到其他客户都在朝着同一个趋势前进时，他们也愿意进行尝试。

利用"牧群效应"来进行推销与传统的典型案例进行推销的模式截然不同，牧群效应最常使用的一种说服词是"我们的解决方案已经被其他的客户进行尝试了，您不妨也试一试，或许能够收到更好的效果。"这种推销策略用试图鼓励和尽力劝说潜在客户的方法来达到销售人员进行产品推销的预期目标。

"牧群理论"这一概念并非是精心设计而来，而是无数真实的成功推销案例总结而出的。下面我们不妨来分享一个从绝望到成功的推销故事，由此你或许会对这个理论有更加深刻的认识。

托马斯·福瑞斯曾经在《提问销售法》一书中提到自己亲历的"牧群理论"销售，在该书中他讲道：

1990 年，托马斯担任 KW 公司堪萨斯城地区销售经理，他们在对新的产品工具进行了反复的研讨，最终还是找不到一种消除拜访受阻的良策，万般无奈下托马斯灵机一动，他脑海中闪过了"牧群理论"这四个字，如果在牧群中有很大一部分人认可并倾向于 KW 公司的新产品，那么，其他的潜在客户会不会也会对我们的产品感到好奇呢？他们自然也会想要一探究竟，既然如此，为什么我不尝试着使用这个办法呢？

托马斯一时变得格外兴奋，他再也不向客户乞求，而是利用一切途径散播其他客户对自己产品的认同，在与客户进行沟通的时候，托马斯也刻意改变了沟通的方式，他会这样来向客户进行交流："先生您好！我是 KW 公司在堪萨斯城的地区经理福瑞斯，我公司在 8 月 26 日将在×地召开研讨会，我给您发送过请柬您是否还记得呢？这次研讨会将会有很多知名公司前来参加，而且这些公司仅仅只是与会者的一小部分而已。说实话，我觉得这次会议的参加人数将会破纪录，至少会在百人之上。我这次通知您，是因为我至今尚未收到您寄来的回复信，因为参会人员众多，我需要确认我是不是把您疏漏了所以才没有收到您的回信呢？"

这样的交流效果非常好，可以想象此次的大会福瑞斯果然收到了前所未有的效果，现场座无虚席，正如他所言："破了纪录。"虽然福瑞斯在以这样的方式与客户进行沟通的时候内心非常清楚并没有太多的人确定参会，但是当每个人都接收到这样的讯息后，他们反而会怀着好奇心前来参会，甚至会有人在心中庆幸："太好了，我也能够和这些大公司一同参会了，机不可失啊！"

在销售过程中，"牧群理论"不但能够帮助企业树立信用度，而且能够大大激发客户对产品的好奇心和兴趣。试想一下如果你作为客户听到"我只是想确认一下您是否被遗漏了？"这类问题的时候，你是否也会在心中自问："如果没有这位推销员的提醒我或许就要错过某个重要的机会了！"这正是"牧群理论"的奇妙之处，他能够很好地照顾到客户的心理安全需求，并为他们快速做出决定起到助推力的作用。实际上，客户在下定决心之前的种种忧虑都是值得理解的，尤其是当客户面临着重大投资的时候，正是应当思之再三。这时候"牧群理论"的价值便能够展现出来。

聪明的推销员应当明白：最好的销售模式不是一味地对客户进行劝说和解释，而是尽最大的力量让潜在客户了解到其他客户都曾经和他一样忧虑过，但是也都已经下定决心了。推销人员永远都不要忘了将自己的客户与其他的潜在客户进行分享，如此一来客户自然遍地，产品也不再愁会没有销路了。

当你打算使用牧群效应的时候，任何条件的群体都可以被制作成教案来与潜在客户进行沟通，推销员要擅于利用各种各样的群体效应。当来自不同领域的客户都表示对你的产品或言论感兴趣的时候，其他的客户群也会被吸引过来。

比如说当推销员和某家银行进行谈判的时候，他便可以提及自己与其他金融机构合作成功的案例，覆盖面积越是广阔越能够影响潜在客户的心理，试想当你将颇有名气的第一联合银行、花旗银行、美国银行、波士顿银行和大通曼哈顿银行提出来时对方会有怎样的感受？如果推销员和某家医院进行谈判时将著名的迈阿密的西奈山医院、亚特兰大的艾默里大学医院、纽约的斯隆－凯特琳癌症研究中心提出来时对方又会作何感想？

另外，推销员还要擅于利用媒体来为自己的产品创造趋势。这种具有宣传效应的报刊能够增强推销员话语的说服力。例如你可以这样对客户进行介绍："先生您好，您想不想知道为什么《新闻周刊》、《今日美国》、《华尔街日报》、《福布斯》杂志都对我们新推出的产品进行报道？"如果你推销的产品和客户有着某种联系，那么他一定会对这种广阔的宣传方式感到好奇。

但是，对于一个新近成立的公司来说，他们推广的产品没有这么多的知名客户，"牧群理论"是否还有用呢？实际上，只要选对方法也能够让"牧群理论"见效。推销员在与客户进行交流中不妨将自己公司与其他公司成功的案例进行类比，也就是说"与成功者搭建桥梁"形成一种成功企业的共性存在特点，客户在这样的对比下会在心中对一个陌生的新公司或新产品产生一种"似曾相识"的熟悉感，这种关联作用能够让客户更好地接受。

比如说，推销员可以找出一些几年前刚起步而如今就已经成为世界上著名的大集团的案例，最常用到的是微软公司的案例，用微软公司来同自己刚起步的企业进行类比，将自己公司对互联网或有线电视做出的贡献与微软在发展之初曾经做出的成就相类比，这种积极向上的类比能够给客户带来一种正面的影响力，使其对一个新企业、新产品产生信心。

除了以上几种方式以外，推销员还可以利用竞争对手的实力来与自己的实力进行对比，产生一种"同领域中强烈的竞争感"这样的现象，将客户说服。当然，这也是"牧群效应"的一种形式。

给你的邮件打好"包装"

大多数销售人员都认为电子邮件是很平常的一个工具。其实这种看法是错误的，因为他们陷入了一个误区。只是将邮件视为一种销售工具，可以使其轻易联系到客户和潜在客户。

在他们的脑海中，他们利用电子邮件要做的事情只有一件，那就是不断发送邮件，然后邮件自动发送到客户的邮箱中。但是，你是否想过，你可以给客户发送邮件，那你的竞争对手自然也可以对客户发送邮件。这就意味着你的客户和潜在客户每天都会收到很多邮件。而对于一些大客户来说，一天收到几十上百封邮件毫不稀奇。然后客户此时就会对邮件进行筛选，选择真正对他们有用的信息，把他们认为无用的邮件直接扔进垃圾箱。那么，如何才能避免你的邮件被扔进垃圾箱呢？

作为一名销售人员，你在发送邮件时，千万不要认为自己发的是一封"广告"或者是推销信。销售人员应该抱着发一封有着重要信息、极具价值的文件。所以，你会希望你的客户能够去阅读它，无论是什么时间，也不要忽视你这封邮件。而此时，你就需要对你的邮件进行一些"包装"，通过邮件激发客户的好奇心，然后客户会增强对你的关注，最终和你进行交易。

当你向潜在客户、客户或合作伙伴发送电子邮件后，他们通常会先将信息下载到个人电脑中再查看。然后以列表的方式显示这些信息，标明信息时间和日期、信息发送人及主题。日期和发送人栏为自动生成，但"邮件主题"却为发件人提供了一个引起潜在客户兴趣的机会。

当客户阅读邮件时，你可以想象，他们会根据发件人和主题信息确定阅读顺序。毫无疑问，那些看上去很重要或十分紧急的信息将会被首先查看，这些信息就能够很简单地引起客户的兴趣。

大多数销售人员在填写邮件主题栏时往往有一个坏习惯，他们会直接填写邮件具体内容是什么的，这种做法并不聪明。如果你已经在邮件主题中直接写明了你的目的，将邮件内容告诉了收件人，那么他们为什么还要去阅读你的邮件呢，只看主题不是更简便吗？

此时，你不妨使用上文中学到的提问法，销售人员应该通过邮件主题来引发客户的潜在兴趣，引起他们的好奇心。因此，你要做的十分简单——撰写一个有吸引力的邮件主题，引起客户的兴趣并且促使他们打开邮件查看内容。例如，你可以这么写邮件主题——如果打开这封邮件，会发生什么呢？

大多数人看到这个标题都会立刻点击主题查看邮件正文。甚至有些人会因为你的标题有趣而第一个点开你的邮件。

除了提问法，你还要使自己的主题有创新性。能使你的信息具有煽动性的主题词组不胜枚举，此处列举了一些词组，可达到相同的效果。

主题词组："两个问题……""进一步考虑后……""请帮忙……""请赐教……""关于王先生的几个……"

上述每个主题词组都显得耐人寻味。这就是创新，比那些"今日推荐消息""您好，李先生"之类的主题要有用得多。要记住，主题栏的唯一目的就在于引起收件人的兴趣并使之想打开信息查看。如同电话留言一样，这些邮件越有趣，客户就越想打开它们查看。这也就是报社在头版中央处印上大字标题想达到的效果。

电子邮件的主题应能使潜在客户感兴趣，以使他优先阅读你的信息。

利用好奇心并非一种操作策略。要记住，在销售过程中，销售人员并非是想促成潜在客户购买他们不想要或者不需要的东西，也不是为了强迫与潜在客户会面，销售人员的目的仅仅是为了发起谈话，以确认是否可以进一步接触。

第六章
从被拒绝开始销售

销售从被拒绝开始，一种在销售界流行的销售法则。这是一种心态，也是一种能力。如果一个人能在一次次被拒绝后依然对销售抱有热情，那么他必然是个有潜力的销售人员；如果一个人能在一次次的拒绝中发现被拒绝的原因，并从中总结出促进销售的经验，那么他必然是个正在走向成功的销售人员。所以，"拒绝"是坏事，更是好事，关键在于你能否发现其中的奥秘。

从抱怨中听出"弦外之音"

客户之所以会拒绝，就是因为你做得不够好。而抱怨则是对你的不足之处的批评，所以，只要了解你的客户抱怨的原因，你就可以找到客户真正拒绝你的原因，有时候，并不是你的产品不够好，而是其他方面有所欠缺。

客户抱怨的原因一般有以下几种。

1.质量问题引发客户抱怨

销售人员没有认真全面地提高自己产品的质量，比如出现次品或者某些设计不尽如人意。

2.客户不满意你的服务

比如服务态度不佳、接待缓慢、搞错了先后顺序、说话态度较差、一味向客户强行推销、不管客户的需求就一味推荐、对商品不够了解无法回答客户的问题、客户不买产品就立刻板起脸、瞧不起客户、对客户不信任、对客户挑选产品的动作不耐烦、对工作流露出厌恶的态度等。

3.广告误导引发客户抱怨

比如夸大产品的价值和功能，过度美化产品，大力宣传自己的售后服务力度但是在事后却并不兑现。

那么，销售人员在面对客户的抱怨时，应该如何处理？

首先，销售人员应该分析客户所抱怨的问题是否属实，如果客户抱怨的问题确实存在的话，那么你就要立刻改善自己的问题，因为这种情况下解释是没用的。而有时候，客户的抱怨更多是"醉翁之意不在酒"，他们说你的产品质量不过关，说你的服务态度不好，或许只是个借口，他们真正的目的是砍价。因为他们知道，一旦直接提出降价要求很有可能会被拒绝，所以他们一般不会主动提出，只能借助这种方式来让你降价。

此时，销售人员就应该善于分析客户的真实意图，千万不要把主动权交到客户那一方。中国有句古话叫作"说话听声，锣鼓听音。"说的就是要能听出对方说话的"弦外之音"。为了砍价，有些客户总是会喜欢用一些并不存在的"事实"来进行试探，这种行为在销售界被称为"伪理由"，此时，就要看销售人员的"听力"如何了。

比如客户经常会说"我在其他地方看到也有同样的产品，比你们这里便宜很多！""产品是不错，但是我还要考虑一下，你们的售后服务并不令人满意。""还有其他几家供应商找过我们，我要仔细考虑一下。"等。而此时，销售人员想要判别真伪并不难，只要问的再具体一些，比如竞争对手的报价和名字等，此时如果对方说的是"伪理由"那么他就会闪烁其词，毕竟真的假不了，假的也成不了真的。

"问"出来的成交

语言诱导在说服客户的环节上格外重要，销售人员在对客户进行语言引导的时候要保证语言的表达效果，交流不当不但无益于双方关系进一步的发展，甚至会将整个局面变得更加糟糕。

销售行业有一条通用法则，即如果能够选择提问，那么绝对不要赘言。多问少说历来是销售的重要规则，正如安东尼·罗宾所说："成功者与不成功者最主要的区别是什么呢？一言以蔽之，那就是成功者善于提出好的问题，从而得到好的回答。"但是，销售人员要保证问题的正确性，在有限的提问中获得最有利的价值信息。

通俗来说，提问的秘诀就是预设的"圈套"，也就是通过自己的诱问、引导让对方在不知不觉中跟随你的思路前行，以下案例便是引导性提问的典型。

一位推销员为了将自己的电动机推销出去而来到一家企业中，他将自己的电动机拿出来后让该企业的总工程师示范。首先将电动机通电用来测试它外部的温度，工程师用手摸摸电动机的外壳，然后摇摇头表示不满，因为他感觉到这个电动机在通电后过热，他认为这间接表示出机器的质量不强，所以感到失望。

推销员见状并不急于解释，而是对总工程师提问道："我相信贵企业的电动机一定符合电制品公司的标准，是不是?"

工程师回答道："当然。"

推销员接着问道："一般来说规定中的电动机热度标准会高于室内常温华氏72度，是不是?"

总工程师点点头说道："正是。"

"我能问一下贵企业的生产车间的温度有多少吗?"推销员很好奇地问道。

"应该在华氏75度左右。"总工程师回答道。

"我们不妨用华氏75度来计算，加上电动机高出的华氏72度，则电动机本身的温度就达到了华氏147度。如果是如此高温的水，试问有没有烫伤的可能性?"推销员问道。

"你推测得很有道理。"总工程师若有所思地点点头。

"贵企业的电动机有着这么高的温度，你应该不会常把手放在上面吧? 而您刚才却能够放心地触摸我们的机器设备，这难道不恰恰证明我们设备的温度要低于您这里设备的温度吗? 而您不正是认为发电机的温度低，它的质量才能够越好吗?"推销员细致地解释道。

"是的，你分析得不错。"总工程师信服地说道。

说完，二人都不约而同地笑了起来，在这名推销员的引导和提问下，客户终于愿意与他进行合作，而且一口气签订了将近5万美元的合同。

由此可见，想要从客户那里获得认同，事先应当进行准备巧妙地提问，先将客户的思路牵引过来，这些问题尽量是正面的，能够让客户脱口而出的是肯定性的答案，到最后，当销售人员提出签合同的建议时，对方则会按照既定的思路也表示肯定，从而让交易顺利地完成。例如，销售人员可以对客户说哪"按月付款和按季度付款的方式，您愿意选择哪一个呢？"这样就限定了客户的思路，从二者中选择其一；再如，"您觉得我下一次的来访时间哪个时间段比较合适呢？下个周末，或者下下个周末？"

诱导性的提问是说服客户的重要方法，但是在使用这个方法的时候一定要对每一个引导环节都进行详细地推敲。毕竟，在对客户的说服过程中任何语言色彩的转变都有可能会造成截然不同的结果。所以，在说服对方的时候尽量避免诸如"愤怒""生气""怨恨"等消极类别的词语，做积极的、正面的引导，如此一来，双方在沟通中也能够更快更好地达成合作关系。

辨别真假拒绝

雷德曼被公认为"全球第一金牌销售员"，他曾经说过这样一句话："推销，从被拒绝时开始。"他之所以能够获得成功，所凭借的正是迎难而上的精神，即使遭遇了客户的无数次拒绝，他也从来没有滋生过逃避和抱怨的情绪，他所做的就是对客户表示理解，并寻找新的突破口。作为一名推销人员，每天都有可能面临客户的拒绝，尤其是当客户对相关产品并没有深入了解或没有即时需求的时候，他们似乎更愿意远离推销人员而保全自己的资金。

每一名推销人员都应当有一个清醒的认识，那就是：我们无法做到让每位客户都对我们的产品兴趣十足，所以我们不必要给自己定下"常胜将军"的目标，面对客户的拒绝也应当保持理智的头脑。虽然让客户"一见钟情"的事情不多，但是为了成功，明知有挫折还是需要勇敢尝试，但凡对方能够表现出一丝丝的购买欲望，这就是成功的契机，利用自己的销售技巧和言辞态度让客户最初的警惕心理逐渐消除，虽然这个过程缓慢，但是却能够增加他们对产品的认识，有利于达成最后的交易。

一些销售人员因为缺乏工作经验在面对客户的拒绝时感到颜面无光，碍于面子而将一些机会亲手抛弃。实际上，放弃眼前的机会是不明智的行为，对于销售人员来说，在工作中要面对的压力要比其他行业更甚，一再退让只会与许多的机会擦肩而过，没有业绩就没有前途，甚至连生存都将成为问题，最终陷入一个又一个的恶性循环中。与其这样，不如明知不可为而为之，也就是说即使知道自己面对的可能是非常难堪的失败，但是也要勇敢尝试一番，有时候这种不到黄河心不死的态度，会为推销工作赢来更多的机会。

销售人员可以在与客户交流前做好自己的思想工作，端正自己的思想是每个销售者需要闯过的第一关。不妨告诫自己：自己的销售不一定是任何人都满意的，其间遭到客户的拒绝这也是很自然的事情，重要的是面对客户的拒绝要做出怎样的反应，是选择沮丧离开还是屡败屡战？

从另一个角度来说，客户即使真的对推销人员的产品不感兴趣也往往不会给出直面的拒绝，他们大多会采用拖延的方式来暗示，这就意味着还有回旋的余地。比如"我得考虑一下"、"两个月后再联系吧，那时我需要的"、"对我来说质量不重要"、"现在生意不好"；但是又有一些直白的拒绝却并非真心的拒绝，他们只是希望通过自己的拒绝能够获得推销人员更大的让步而已。所以，推销人员一定要分清楚拒绝的类别。

那么，如果客户想要真正拒绝的时候，他们通常会找出怎样的理由呢？比如："我们资金不足，确实没有购买的打算"、"不具备支配预算的权利"、"我们已经决定购买另外一家的产品了"、"暂时还没有考虑过更换供应商"、"你的产品不适合我们"等，一旦客户说出这类的话，那么就意味着他在表达真正拒绝的意思。

所以说，作为推销人员要懂得客户拒绝的真正意图，只有认清了拒绝的真伪才能够根据具体的问题做出正确的回应。杰弗里·吉特默是著名的销售大师，他将自己多年的销售工作进行总结提出了克服拒绝的七大要点。

第一，认真倾听并揣摩对方拒绝的言辞。分辨出对方的话语到底在表达拖延还是真正的拒绝。真正的拒绝言辞上更加直接有力，并且客户会反复陈述自己的拒绝之意；而拖延的言辞往往含混不清，没有明确性的理由。无论如何，推销人员在领悟客户的拒绝之意后，不要急于反驳，而应当先表示赞同，这样能够让客户内心的抵触情绪有所缓解，接下来再寻找合适的辩解时机。

如果参透客户的拒绝仅仅是一种拖延，那么这就意味着其中还包含着成交的可能性，所以，推销人员需要想办法让客户将拖延的真正理由说出来，否则就无法进行针对性地推销。

第二，确认客户给出的拒绝理由是否是唯一的理由，还有没有其他隐含的理由，了解客户拒绝言辞的弦外之音。推销人员可以尝试着使用以下语句来对客户一探究竟，诸如"你的意思是不是指……"、"确实是这样，但是除此之外还有没有其他的原因呢"、"您是否对我们产品的质量或者价格有不满的地方"等。

第三，进行再次确认。推销人员在进行再次确认的时候可以将自己的语言进行重新组织，以一种全新的方式来进行提问或者交流，虽然看似是一种"换汤不换药"的方法，但是通常也能够从客户那里获得更新的信息。比如"您刚才提到了包装问题，换句话来说，如果我们能够为您提供新的包装，您是否就会考虑购买我们的产品呢？"

第四，了解拒绝的性质后对客户进行提问，推销人员如果能够提问出那些包含着解决方案的问题，扭转局面的可能性会大大增加。诸如"您刚才提到了对产品运作效率的怀疑，那么如果我们能够保证产品的运作效率……"、

"如果我们能够满足您想要的其他条件……"、"如果我们可以为您提供产品免费使用的机会……"在说完这类解决问题的保证性话语后，推销人员可以接上一句"您是否也愿意重新考虑您的决定呢"。

第五，用实际操作来让客户点头。这时候，推销人员需要用上一些相关的资料，比如：证明信、产品推荐信、质量对比图表、电话联系信得过的客户、优惠项目等，以此来证明产品的价值，阐述利益所在。这些都是能够让客户由拒绝变为接受的重要环节。

第六，将达成交易的问题提出，学会用假设的方式来与客户进行交流。除了提问的典型模式"如果我能……您会不会……"之外，还可以用其他的方式进行沟通，比如"我可不可以询问一下您为何对这一点如此关注"，等到客户做出回答之后，推销人员可以接着说"既然您看中这一点，我们同样会将它视为重点来对待"或者是"我能够保证我们能够做到这一点，请相信我"等。

第七，确认所回答的问题，同时抓住时机确认交易时间，如此一来，一位潜在的曾经表示过拒绝的客户就变成了真正的客户。表示确认的问题通常有"那么，您觉得我们在什么时候开始送货比较合适"、"您对送货时间有什么要求吗"等。

客户拒绝，你该怎么说

很多推销人员不知道如何应付客户的拒绝，以下为大家介绍几种常用的应答方案，对于销售实战来说大有裨益。

客户拒绝之一："我现在没有时间！"

推销人员首先要表示赞同，比如说"我理解您，因为我和您一样也经常感到时间不够用。所以我一定会节约您的时间，您只要给我 3 分钟就足够，请相信这 3 分钟会让您得到一个重要的议题。"

客户拒绝之二："不好意思，我没有那么多的闲钱进行投资理财。"

推销人员应答"是的，先生，您的财务支配情况只有您自己最为清楚。无论有多少财产想必您也会在心中进行合理的规划，我们能够为您提供全盘规划的方案，从长远来说对您是有很大益处的……（引向自己的话题）"或者说"是的，先生，很少有人要什么有什么，正是因为我们的钱财有限所以更要寻找到一种方法，让有限的资金创造出最大的利益。这样一来，我们的未来也就有了保障……（引向自己的话题）"。

客户拒绝之三："我对你所说的不感兴趣。"

推销人员应答"是的，先生，我对您现在的心情完全能够理解，没有谁愿意将自己的信任托付给一个陌生人，面对一种陌生的事物，很少有人会立刻产生兴趣，心中存在疑虑是合情合理的。但或许当您对它有所了解的时候，您会觉得它真的很有意思……（引向自己的话题）"。或者是"我非常理解您的感受，让一个人去接受一件自己都不知道它的好处在哪里的东西确实是强人所难的。也正是因为这样，我才想对您做进一步的解说，毕竟兴趣都是产生在了解的基础之上。您说呢？"

客户拒绝之四："解说就不必了，把你们的资料放在这里好了，有空我会看。"

推销人员应该明白客户一旦说出这样的话，资料的命运往往是石沉大海，所以一定要趁热打铁，可以做如下应答"先生，我们一定会将资料留给您的，因为它是我们精心设计而成的，但是因为这些资料都是纲要和草案的形式，所以最好能够有相关人员加以说明。另外，我们会按照每一位客户的具体情况来对资料做修订，真正达到量身定做的目的……（引向自己的话题）"。

客户拒绝之五："我会考虑的，下周有空再同你联系。"

推销人员应当领悟到这是客户用拖延来表示推辞的惯用方法，所以尽可能地将会见时间明确下来，当然，越是提前越有利。比如可以做如下回答"好的，先生，我随时等待您来电话。您觉得我们下次的会面时间是定在下周三，还是下周四比较好呢"？

客户拒绝之六："我们暂时不能确定业务发展的方向，所以将来有机会再同你进行联系。"

推销人员可以做这类的回应，诸如"先生，贵公司业务的发展是一直备受期待的，我也会一直关注的。您不妨先参考一下我们的供货方案，其中的优势或许会对该项业务的发展有所帮助"。

客户拒绝之七："这个决定我不能自己做，还是需要跟合伙人商量的。"

推销人员此刻应当抓住机会，套问出客户的合伙人情况，或者确定下次会谈的具体时间。可以这样回应"是的，先生，我完全理解，我们什么时候可以同您的合伙人会面呢？"

用幽默化解僵局

幽默的谈吐在任何场合中都不可或缺，它能让重大社交场合中的严肃紧张气氛向轻松和谐氛围转变，也能够让日常生活中人们内心的温厚和善意流露出来，如此一来自己所提出的观点也能够被众人更好地接受。

将语言变得幽默丰富还能够调节局促、尴尬的场面，让拘谨或不安逐渐淡去，交流者之间的矛盾也能够很好地化解。比如说，当一个人有着很大的鼻子，小孩子看到了，充满好奇心地叫道："大鼻子叔叔。"倘若这个人缺乏幽默感，或许就会因为孩子的一句话而感到不开心，甚至对孩子大加说教，不但伤害了孩子幼小的心灵，也会让孩子的父母感到难堪。但是，如果这个人充满幽默感，他则会对小孩子的童言稚语开怀一笑。

在销售过程中尤其需要注重幽默的作用，销售者尽可能地激活自己的幽默细胞，掌握一些幽默的技巧。原一平作为日本的"推销之神"曾经将自己的故事和大家分享，其中他着重提出销售人员要对幽默感重视起来。

有一次，原一平去对一位客户进行回访，客户打开门后看了一眼原一平没好气地说："敲门的总是推销保险的，贵公司的推销员已经让我倍感头疼了，反复过来，太令人讨厌了。"面对这样的斥责，原一平温和地笑道："有这种事？不过我可跟以前的推销员不同啊，我比他们可要英俊潇洒得多。"客户打量了一番眼前这个个头矮小、长相平平的人，忍不住笑了起来。

"我看你不像英俊潇洒，倒像是小辣椒。"客户说道。

"您说得对极了，个头越是小的辣椒味道越是辣，地道极了，你不想尝尝吗？我保证在半小时之内让您感受到我与先前销售员的不同。"原一平趁机说道。他开始发动脑筋思考能够逗乐客户的妙计，一边想着，一边说着，一边手舞足蹈，不一会两个人就开始开怀大笑起来，笑声让陌生感顿时消失，二人针对保险问题谈论了很久，最终客户紧闭的心门被原一平打开。

在销售中，幽默能够让客户的警惕心逐渐放松下来，亲切感越来越浓，对销售效果有着重要的促进作用，但是这并不意味着幽默感可以滥用。在使用幽默感的时候要特别注意以下几点：

1.不可哗众取宠。过于刻意的油腔滑调会让幽默的本质发生改变，不但会让人觉得当事人是在哗众取宠，也会让人觉得这个人过于油滑，不够真诚。

2.在发表幽默的言论时需要留心声调和表情的和谐，否则会给人"皮笑肉不笑"的矛盾之感，让人觉得幽默是一件虚伪的事情，不利于双方的交流。

3.依据对方的性格来选择幽默的方式。有的人天生严谨不苟言笑，这时候需要用幽默以外的另一种方式来与之进行沟通。

接下来对幽默的内在条件进行分析：

1.高尚的情趣与乐观的信念是基础

幽默的谈吐与健康的思想、高尚的情绪密不可分，正如恩格斯所说：

"幽默是表明工人对自己事业具有信心并且表明自己优势的标志"。只有那些品德高尚、心宽气朗且对生活充满信心的人才能够让幽默感由内而外地表现出来。比如说，经历过战争年代的革命家们在与群众交流时，常常言辞激昂，话语间的幽默感不自觉地流露出来，不但能够将自己的热情、亲切传递给他人，而且能够获得众人的认同和拥护。

2.具备高度的观察力和丰富想象力

想要具备幽默的谈吐风格，则需要留心培养自身反应的灵敏度，也就是说要求当事人能言善辩、思路敏锐。敏锐的思路来自于对生活的留心，只有对生活和工作格外关注才能够让自己的观察力得到提高。想要提升想象力，则可以多尝试使用比喻、夸张、双关、移时、降用、拈连、仿似等修辞模式。

3.拥有较高的语言表达力与个人素养

幽默在一定程度上能够反映当事人的智慧，文化素养越高，则驾驭语言的能力就越强，加上个人知识层面的拓宽，在交流中能够任意引用古今中外的故事，对历史典故熟知于心，各种风土人情都有所涉猎，再润色于灵活多样的语言方式，那么在日常交流中就能够得心应手，表达过程中也能够更好地向幽默的层面转移。

需要注意的是，在销售过程中，幽默仅仅作为一种手段和工具，绝非最终的目的所在。另外，销售员也不可为了幽默而幽默，争取做到幽默与具体的环境相结合。如果销售员着实没有幽默的天分，则需要另谋销售的路径，不可强求而为，否则反而会弄巧成拙。

第七章
可以双赢的价格博弈

在购买活动中，价格贯穿始终。从最初的报价，到中途的价格商讨，直至最后的价格敲定，销售人员都需要与客户相互协调与商议。客户在看似精打细算的背后，有着自己的价格标准。所以，想要打好价格战，销售人员要充分了解客户内心的价格定位，并在双方都能满意的情况下，实现双赢。

以 9 结尾，感觉更实惠

在商品推销的过程中有一个非常敏感的因素，它可以决定交易的成败，左右顾客的心理，它就是——价格。

合理的价格可以极大地吸引顾客的购买欲。当然，在现阶段的市场经济条件下，将价格固定不变是不可能做到的，因此销售人员应在销售的过程中预留出适当的价位变化空间，以便于销售人员和客户谈判。

虽然绝大多数顾客都喜欢挑选价格便宜的商品，但是随着人们消费水平的提高和消费心理的变化使得销售人员的方针也要及时地实现从"物美价廉"到"受顾客支持的价格"的转变。

近年来，在欧洲一些发达国家市场上，消费者的购物行为出现了逐渐高级化的趋势，品质越好、价格越高的产品消费得越快。例如美国一家老牌牛仔裤 beast 牌牛仔裤每条售价是 25 美元。而 time 公司为了向 beast 公司挑战，每条牛仔裤定价为 50 美元，同时辅以铺天盖地的广告宣传，提高了该公司产品的声誉。这样一来，time 牛仔裤以高档商品的形象出现在市场中，反而比低价牛仔裤更受顾客的欢迎。而它的竞争对手"beast"公司的牛仔裤却沦为了低档产品，从而失去了广大的市场。1983 年，beast 公司的总经理失声惊呼："time 公司的牛仔裤霸占了大半个美国市场。"

为了靠价格来吸引消费者，在美国纽约有一种很特殊的"99 美分"商城，这是一种小规模的自选商店，主要出售日用杂货、家用五金、常用药品、厨房用品等，而这类商店出售的商品价格一律为 99 美分。而这种商店一经推出就受到了人们的欢迎，因为虽然 99 美分离 1 美元仅仅差 1 美分，但是这 1 美分的差别却对消费者的心理产生了重大的影响，人们会想"一件东西连 1 美元都不到，简直太实惠了。"而如果这家商店把价格定为"1 元零 1 分"，那么就会给人一种"超过 1 美元"的感觉，这两者虽然只差 2 美分，但是给人的感觉却是天差地别的。

而且，99 美分的定价使客户感受到经营者的定价是认真合理的、即使多 1 分钱也凑不成整数。因此对商品的价格产生一种信任感。

当然，人们不可能把所有的商品都定价为 99 美分，因此，美国一些商业心理学家在经过调查后统计出了一种最佳定价法：在美国，5 美元以下的商品末尾为 9 的定价是最受欢迎的，而 5 美元以上的价格，末尾是 95 的定价销售情况最佳。

我国零售商品的定价也大都采取类似的非整数定价原则，以此来适应价格对消费者的心理影响。

总之，价格对商品在市场上的定位有着无与伦比的影响力，它对购买者的消费心理和购买行为有着重大的推动力或排斥力，因此，销售人员在定价时必须采取灵活而慎重的态度。

给客户“砍价”的机会

推销人员在进行第一次报价的时候需要格外谨慎，虽然报价往往高于自己的最优价格，但是也不可狮子大开口，给客户一种强悍执拗、不可挽回的感觉，这样会让彼此之间心生间隙，客户很有可能会一走了之，他们也会想："连缓和的余地都没有，还有什么可谈的!"所以，推销人员在报价的时候一定要让客户感觉到这个价格是可以商榷的，当客户领悟到"砍价机会"的时候便能够用一种期待的心态来进行交谈，推销人员便可以趁机摸清客户的价格意图。

比如说，推销人员可以与客户进行这样的沟通："刚才听了您的具体需要，我认为在价格上还是可以为您做出一定调整的，当然，这需要根据您要求的订购数量、包装质量、售后服务等具体情况来定。"对方听到这样的话便会感觉到其中还有商量的余地，通常会将价格往最低处压。推销人员可以给出一个具体的心理底线，比如说："虽然我们可以在价格上进行商议，但是我们所能够接受的最低价格是×元。"这个"×"虽然是名义上的"最低价格"，但是或许在客户心中还是会想："这个价格太高了，但是这是让步后的价格，或许还有更大的让步机会，我可以再多花些时间同他进行交流，尽可能将价格压到最低。"

推销人员可能出现这样的问题——为了避免高报价遭到客户的回绝而甘心让自己的报价低于对方所能接受的价格上限，这样的哑巴亏往往发生在多次碰壁之后。

所以说，推销人员要善于积极思考，在报价的时候尽可能高于最优价格，因为你不知道对方的接受底线到底是多少，或许当你提出自己的价格（对第一次报价进行让步但仍高于最优价格）后对方便会欣然接受，这个世界上下一刻将要发生的事情就是如此变幻莫测。或许客户就会想："这个固执的推销员，我同他费了半天劲才将价格降下来这些，看来价格确实是不能再往下降低了。"如此一来，推销人员便能够获得他想要的价位了。

此外，推销人员开出高于自己预期的价格还有另外一个原因：提升产品在客户心中的价值地位。价格和价值之间是有一定联系的，往往越是价格贵的产品其价值也会越高，产品质量与服务也会更优。所以，当推销人员将自己的价格表递给客户的那一刻，产品或服务在客户心中的价值便得到了一个初步的判断。或许你会觉得价格表仅仅对那些缺乏采购经验的新手产生作用，实际上，即便是对一位资历深厚的专业采购人员来说，推销人员的报价也会对他的判断产生一定的影响力。

我们不妨以牛仔服饰的销售为例，我们都知道，牛仔服的面料即为牛仔布，名牌牛仔服饰与在商场摆放的牛仔服饰并没有什么本质的区别。如果说一条名牌牛仔裤定价为 200 元，而普通的牛仔裤定价只有 100 元的话，你会购买哪个？通常情况下，人们考虑到价格优势而会选择价普通牛仔裤。

但是如果销售人员说"名牌牛仔裤折扣大优惠，仅售 150 元"的时候，人们或许便会在心中揣度犹豫起来。纵然是知道这两种产品在材质上并没有本质区别，但在价格上却有了 50 元的高低之别，然而如果这时候再让客户做选择，很多人便会考虑名牌牛仔裤了。

"会考虑"便是"会购买"的前奏，这时候如果销售人员再添一把火，或许时机就会很成熟了。比如说，给客户讲解名牌牛仔裤更贵的原因，告诉他们产品的生产流线、质量把关等严格性，再加上一些主观的言辞修饰，比如说"我认为"、"如果是我来选择"、"我建议您"等，这样客户便会在销售人员的引导下更进一步地接受高价格。

通过以上案例我们可以了解到为什么推销人员在进行产品报价时要开出较高的价格，归纳来说主要原因有：给双方价格迂回的空间，挑战对方接受限度的机会，让产品通过价格实现价值升值。

根据质量谈价格，高低有度

　　许多推销人员都会提出这样的问题："客户在什么情况下会降低对产品价格的敏感度？"有这样的情况吗？答案是肯定的。实际上，当推销人员的产品和服务足够好，同时能够符合客户的心理需求，那么它的价值便在无形中得到提升，这时候即使提出的价格较高，对方也没有太多的抵触情绪。反之，如果产品质量和服务较差，即使开出的价格较低，客户往往也会感到不满。

　　所以说，只要推销员对自己产品的质量充满信心，那么便可以酌情开出较高的价位，在与其他产品价位进行比较的时候，也能够起到货比三家的作用，另外再利用价格的让步让客户感到自己的产品是物超所值，从而用高低并举的手段达到交易的目的。

　　越是独一无二的产品，越能够彰显其价值的独特，在价格上也能够占据一定的优势。首先是稀有，正所谓"物以稀为贵"，客户对于款式特别的产品总能产生强烈的好感；另外，市场上缺乏相应的产品进行比较，所以在价格上推销员更占据了主动性。一般情况下，推销员可以选择特高价法，也就是说将产品的价格制定到最高，在其被投放到市场后在尽可能短的时间内来收回成本，企业在短期获得赢利后，便能够根据市场形势的特点来对产品的价格进行适当地调整。

比如说，某服装超市新进了一小批中高档女外套，进价为 500 元一件。但是经过市场调研发现在当地还没有出现相类似的服饰，另外此外套用料和做工手艺都十分精良。于是经理便将此服装定价为 1300 元，如此高价反而引来了不少消费者前来参观，在考虑其独特品质之后很多人便选定它，这批货很快就销售一空。

如果厂家推出的产品质量上乘，市场上又是绝无仅有，那么便可以为之定出较高的价格。然而，这种高价位的走势不会一直持续下去，凡是畅销的产品，同行商家也往往群起而仿之，所以在一段时间后畅销品便会成为普及品，人人都来参与最终使得产品的价格出现下跌。所以说，商家也好，推销员也好，要想使自己的产品能够保持一种高价出售的状态，则不可将产品的独特性忽略掉。

自古便有"便宜无好货，好货不便宜"的说法，千百年的经验之谈虽然并非完全准确，但是也有它一定的道理。推销员在给客户介绍产品的时候一定要处理好产品价值和价格的关系。因为如果为了凸显产品价值而制定一个太高的价格，客户可能会避而远之，但是如果只是为了凸显产品的价格优势，客户反而会对产品的质量心生怀疑。那么，推销人员如何来调整价格和价值之间的关系呢？

在与客户商谈之时，推销人员可以尝试着将产品的价格说得不要过高，在对方所能够接受的心理范围中，那么就为产品在市场上获得领先地位奠定了牢固的基础。毕竟万事开头难，用价格优势来开头则能够将竞争对手有效地排除在外，让自己的产品在一段时间中能够占领市场。从眼前来看可能会显得利润过低，但是从长远来看却是为产品打开了畅销大门。当然，这种方法也不是任何产品都适用的，它更适用于资金雄厚的大企业推出的产品，让价格战打得更为持久些。

对于推销人员来说，为产品制定一个较低的价格将销路打开只是第一步，这样不仅是一种缓兵之计，而且能够为企业争取到扩大再生产的机会，虽然单个商品的利润较少，但是因为销售额提升，从整体来看，推销员所获得的利润还是不会降低的。另外，在使用低价格的时候一定要因时因人而异，比如说高档商品和追求高消费的消费者则不宜使用此策略。

让客户相信"价有所值"

推销员与客户接触的时候首先需要经过详细的产品解说，这个环节能够保证客户对产品产生兴趣，但是二者最终还是需要将话题引向价格上来，通常情况下客户会提出这样的问题"这种产品的价格是什么样的？"推销员在听到这样的问题后应当如何进行回答呢？什么样的情境下进行作答才是最好的时机呢？

如果客户将价格的话题过早地抛了出来，这时，推销员应当尽量回避直接作答，可以用主动反问的形式来进行话题转移，比如说"至于价格的高低要依据产品的质量来定"或是"那就需要看您选择的是哪种类型的产品了"。随后，将价格的话题引向对产品的介绍中。当然，这其中或许会遇到一些执意要求谈论价格的客户，那么，推销员可以这样来回应：其一，直接告诉客户产品的价格，然后将话题引向产品的介绍上。其二，推销人员可以对客户进行反问"你的意思是不是真的想要我们的产品呢"、"您需要哪种产品呢"。其三，不进行正面的回答，而进行侧面的诱导"请问您需要多少产品呢？价格可以根据产品的订购数量来进行适当的优惠。"

这三种回答方式各有优劣，比如说，顾客听到第一种回答后可能会说

"我还是再考虑一下吧",当听到第二种回答后客户很可能会说"不是,我只是随便问问而已"或者说"暂时没有确定下来"。当听到第三种回答后,客户或许会谈及购买的数量。所以,推销人员仅仅找到回答客户的话语还是不够的,还需要将客户的需求和兴趣统统掌握住才有可能在面对客户的提问时能够应答自如,把握好交流价格的时机,让客户在最舒服的时候接受价格,下定购买的决心。

通常情况下,推销员所提出的价格会固定在一个较为合理的范围中,也往往要比同类零售店产品要便宜。但是,客户并不一定这么认为,他们或许会在猜疑中感到价格偏高,不能接受。遇到这种情况,推销员则需要耐心地对其进行解释,做出合理的解释而不是反驳性的辩解,倘若客户说"我觉得价格高"时,推销人员马上回应"这个价格哪里高"、"这个价格一点也不高",那么客户会在内心产生逆反情绪,不利于交流的继续。

那么,应该用什么样的方法让客户了解到产品是物有所值的呢?推销人员可以在对价格进行解释的时候使用以下方法:

第一,对比法。推销人员可以从同类产品中寻找一些价格较高的来进行对比,在对比的同时需要强调二者在质量上不相上下,如此一来,对方就能够直观地感受到价格的优势,心理上会产生满足感。要想使用这种对比法,推销人员在平日的工作中需要对同类产品的价格变动多加留心。

第二,强调产品的效能。如果推销员提出的价格确实很高,那么便可以强调该产品的特殊功效,可以将自身产品与档次较低的同类产品进行比较,突出自己产品的优势,比如说实用性、多用性、耐用性等优点,同时也可以介绍售后服务等软性优势,将价格淡化。

第三,巧妙而周全的解释。在解释的时候,推销员可以将产品的周期寿命与其价格相结合，让客户感到"一分价钱一分货"。比如，一个高压锅定价200元，客户感觉太贵。那么推销员可以这样来解释："高压锅是咱们的生活中最常用的物品，但是它非常耐用，其寿命通常在10年或者更长时间，假如用10年来计算，一年才花20元，一个月才花不到1.7元。另外，高压锅能够帮您节约大量的燃料费用，又能够将煮饭的时间大大节省，这些都是无法用价钱来衡量的。"这样的解释会让客户感到亲切、真实，能够让接下来的沟通变得更加顺畅。

推销员想把产品推销给客户，让客户心里感到满足是必要的前提，所以，在彰显产品质量的同时也可以提及优质的服务，再给出一些贴近生活的建议，拉近与客户内心的距离，如此一来，即使推销员提出的价格略高一些，客户也不会过于敏感。对于客户来说，任何一种额外的服务项目都可以被看成是减价的形式，比如说，推销员在介绍完自己的产品后不忘给客户一定的许诺，让他感到自己如果购买这样的产品是有保障的，一旦发现假冒产品，则能够立即退货，并且包赔、包换，这样客户就消除了后顾之忧。如果价格能够在谈判中再降低一些，那么，客户便会乐意购买。

制造让客户满意的心理价

俗话说得好："忍一时风平浪静，退一步海阔天空。"在平时的生活和交往当中，我们可以发现，许多人在买商品的时候，都会习惯性地砍价，而当你砍下一部分价格的时候就会心满意足地付账，相反，如果对方坚持不让步，那么我们就算再喜欢这件东西也不会去买。这就是退让效应的力量。

情人节那天，有个年轻人在广场上散步，这时，迎面过来了一个卖花的小女孩，小女孩对年轻人说："大哥哥买束花送给你的女朋友吧，一束花才6块钱。"

年轻人摇摇头对小女孩说："不了，我没有女朋友，你还是卖给别人吧。"

小女孩没有放弃接着说："那大哥哥买一朵吧，你这么帅，肯定有女孩子会约你的啊，到时候你再送给她，一束才6块钱。"

年轻人又摇了摇头："不了，也没有女孩约我，我还是不买了。"

小女孩还是没有放弃又对年轻人说："那大哥哥买块巧克力糖吃吧，情人节吃块巧克力吧。"

由于小女孩一再让步，年轻人觉得自己如果再拒绝就有点不好意思了，于是就买了两块巧克力糖，结果发现他根本不喜欢吃这种糖。

在这个案例中，年轻人在小女孩的一再退让之下，由最初的拒绝渐渐变成了后来的顺从与接受，为什么会发生如此大的转变呢？原因就在于小女孩一再退让，这给年轻人造成了一定的心理压力，既然对方做出了让步，那么自己也应该有所让步，如果继续拒绝会很尴尬。因此，年轻人最终做出了让步，买了两块自己并不喜欢吃的巧克力糖。

这种在销售让步中使对方妥协是一种十分有效的销售技巧。对于销售人员来说，如果你想要客户答应你的某种请求，那么你可以先提一个比较大、对于难以做到的要求，对方很可能会拒绝你的要求，如果此时你再提出一个较小的请求，就代表你向对方进行了让步，而对方此时也有义务进行让步，因此，在上文中介绍过的"互惠效应"的影响下，你的请求也很容易被对方所接受。而如果没有之前的退让，那么你的要求被对方拒绝的可能性就会非常大了。

这种谈判方法在销售中最为常见，当你没有足够的东西馈赠给对方或者你的要求没有得到对方应允时，主动让步更容易帮你实现销售目的。因为，当你做出让步之后，对方就会有一定的心理压力，他们心里这样想："既然对方已经做出了很大的让步，那么我也适当地做出些牺牲吧。"这样一来，在相互的妥协中，生意也就谈成了。而最先退让的那一方，则会占据一些优势，更容易达到自己的目的。

那么究竟是什么原因产生的退让效应呢？心理学专家给出了以下答案：

1.好印象的催化作用

一般来说，一个人总会希望给其他人留下一个好的印象，使别人感觉自己是一个好人。当他人提出一个大要求之后，自己感觉很为难，无法满足，这时，只好婉转地回绝，但是这便与好印象的想法发生了冲突，造成心理失衡，便力图恢复心理平衡，减少心理紧张度。而此时，对方又提出了一个小要求，而且是自己可以解决的，此时这种想留好印象的欲望就会起到催化作用，促使自己做出决定。

2.坏印象的催化作用

人除了会想给其他人留下好印象以外，还会力图不给人留下坏印象。在拒绝他人提出的大要求之后，事实上这个人已经给他人留下了坏印象，得罪了人。此时，他就会产生一种失调感，并且会有一种找机会弥补"过错"的内驱力，以改变不良形象，维护自己的自尊心。因此，当对方再提出一个小的要求时，他便很轻易地答应了这个要求。

3.视线转移的作用

当运用让步的技巧时，事实上你已经把对方的注意力从"拒绝不拒绝"的问题上转移到了"拒绝多少"的问题上了。而且这种转移是在对方无意识的情况下进行的，是不自觉发生的。此时，对方的注意力主要集中放在了对多大的要求可以接受上，拒绝的态度已经荡然无存了。

4.心理反差作用

大要求和小要求会给人带来心理反差。一般来说，要求的难度差距越大，心理反差也就越大，给人的错觉也就越大。鲁迅曾经说过："你要求在墙上开个窗子，大家都反对；如果你提出要扒开屋顶，大家就同意开窗子了。因为开窗子这个小要求与扒屋顶这个大要求相比差得远，大家以为自己得了便宜，免除了扒屋顶后的后遗症，便答应了开窗子的要求。"漫天要价，坐地还钱，就是在这种心理反差的错觉下产生的让步效应。

丁秋和庄贤是某家家电公司的推销员，他们俩被同时派出去推销一种价格昂贵的洗衣机，结果丁秋一台洗衣机也没有推销出去。而庄贤却成功地卖出 20 台洗衣机，为什么会出现这么大的反差呢？

原来，两人的推销策略不一样。丁秋在推销时用尽了浑身解数，他试图凭借自己的三寸不烂之舌来说服客户的购买自己的洗衣机，但是大多数客户都因为价格太过昂贵而婉言谢绝，有些客户虽然说会考虑考虑，但也是敷衍他而已。因此，丁秋一台洗衣机也没有卖出去。

而庄贤在出门推销的时候就知道这个商品会很难卖，所以必须要采取一定的技巧。因此，他在上门向客户推销的时候先对客户介绍了另外一款价格更高、更为昂贵的洗衣机，等客户拒绝之后，他才会说出自己真正想要推销的那种洗衣机，并对客户说："既然您觉得那一款不太合适，您不妨看看我们这一款洗衣机，它在功能上和那款洗衣机相差无几，但是价格却便宜很多，您看您是否需要？"就是在这样的拒绝、退让之中，客户觉得对方已经做出了让步，那么自己也不好意思再进行拒绝，于是很多客户便同意购买其商品。

庄贤利用的就是退让心理，主动做出退让，从而使客户也对自己做出让步和牺牲，最终达到自己的销售目的。

这种先大后小，先贵后贱的推销方式的确可以起到意想不到的效果。在现实生活中，这样的策略也会经常被使用，特别是在双方谈判的时候，一方经常会提出一个近乎苛刻的条件，随后在这个条件的基础上逐步进行退让，最终迫使对方也进行让步，从而达到自己的目的。

理论上来说，退让的起点越高，起到的效果也越好，因为起点高就代表让步的空间大。但是在实际操作中却并非如此的，如果你起点太极端或者太过分，反而会起到相反的作用。因为你的极端要求会使对方觉得你没有诚意，而且即使做出让步也是一些没有诚意的让步，这样就无法给对方造成心理压力，对方也自然不会妥协了。因此，如果你要使用这些策略，一定要把握好分寸，让其对客户的影响力达到最佳。

第八章
促成一线万金的电话销售

电话越来越普及，电话销售却越来越难做。在各种真假难辨的消费信息的轰炸下，客户对推销已经产生了习惯性拒绝，公司的"电话过滤"现象也越来越普遍。尚未介绍商品，便被拒之门外的现象，已不足为奇。那么，面对电话销售的挑战难度越来越大的情况，销售人员该如何敲开客户的大门，仅凭言语获得客户的认可呢？

推销，从电话销售开始

　　每一个出色的销售员，都是通过一步一步锻炼出来的，他们的艰辛，是我们所无法体会的，通常情况下他们都是从电话销售开始的。

　　作为一个销售员，一开始他们往往是羞于表达，不敢去说去做，因为他们不自信，他们往往先是面对着墙一遍一遍地练习，当他们敢于说时，就要拿起电话，去寻找身边的潜在客户，但不可避免会碰壁，没等你介绍完，电话就会挂断。电话往往传递的是声音，怎样通过声音传递微笑、传递温暖拉近你与客户距离，增加话题，在不经意中销售，才能增加成功的概率。

　　首先，作为一个销售员，要了解自己的产品，自己产品的性能、档次，以及特色，它与同档次产品相比优势是什么。比如说一个儿童玩具，它与同类产品比，属于益智的产品或者无害的产品。电话销售员亦当如此。

　　其次，作为一个销售员，要善于去了解客户，了解他的生活、家庭、工作等，去寻找话题，电话销售也不例外。只有与客户有了共同的话题，才不至于尴尬成无话可说，才能让客户不挂断电话而继续聊下去，通过聊天，聊出对方的需求点，知道了对方的需求点后进一步了解对方更详细的需求内容。比如一个汽车销售，你就要去了解客户，他的收入如何，如果收入高，他需要的就是豪华版的，如果收入偏低，他需要的就是实用型的；他需要的是商务车还是家庭用车，如果是家庭用车，就要了解他的家庭成员，需要的是宽敞的还是两人型的；还有要看他的业务范围是山区还是平原，如果是山区就要考虑越野车等。

再次，作为一个销售员要主动联系客户，创造销售的机会。主动上门的客户少之又少，既然对方不来，你就一定要主动走向前。无论什么时候"主动"和"积极"都是推销员最基本的职业素质。

最后，作为一个销售员要挖掘潜在客户。只有挖掘到潜在用户才能创造更大的销售机会。一些人看起来与自己的产品毫无关联，但是或许下一秒他们就能成为你的客户，只要你能够发掘出对方与产品之间所存在的隐形联系。推销员要时刻注意积累自己的人际关系，人际网络越是密集，潜在客户浮出水面的概率就越大。

另外，作为一个销售员，要有耐心。并不是我们每打一个电话，别人都会接，别人都会听下去，一次不行两次，两次不行再接着打，要不厌其烦。因为客户的水平不一样，不要跟客户争执，要善于倾听，对待不同的人要对症下药。

作为一个销售员，要善于跟进。如果电话销售成功后，就要跟客户约见，把事情确定下来。

作为一个销售员，要诚信，对得起自己的良心。这也是销售的重中之重。

最大的挑战——无约电话

销售电话往往能增加销售机会。改善现状的机会如果一旦被潜在的客户发现，他们就会出现在你的门前。当没有潜在客户出现时，你主动联系他们才能创造更多的商业机会。但是，电话销售通常不易成功。为电话销售感到困扰的往往是公司的决策者，他们通常是在现有的销售关系上进一步跟进，来了解他们更新的产品。往往潜在的客户没有很多的时间来听你打进的电话。

在电话销售时，多数销售员进行的都是"无约电话。"一般会有 2%~5%的潜在客户能成为你的真正客户。而 95%~98%的客户会拒绝你的电话销售。通过这些数据不难看出，大多数的潜在客户对"无约电话"存在逆反心理，一方面有推销人员自作主张之嫌疑，另一方面客户会觉得这是对他们宝贵时间的浪费。

当然，从客观上来说，关键客户的确常常被各种会议所包围，他们确实需要对日常事务进行管理，没有过多的闲暇时间来听推销人员的自我介绍，更何况是没有预约而不请自来的电话或访问。

从另一个方面来说，客户即使有时间来倾听推销员的解说，但是心中也会存在过多的疑虑，因为当潜在客户将电话拿起时对于自己将要谈话的内容全然不知，对于电话另一头的人物也是陌生的，这样的一场谈话客户自然有不适的感觉，这是可以被预见也是能够理解的。

所以说，"无约电话"对推销人员来说是巨大的挑战，他们一方面需要通过"无约电话"来打开自己推销的大门，尽一切可能让客户对自己所述内容感到新奇，并且利用一切能够利用的人际关系在最短的时间内让客户对自己产生信任之情。

实际上，完全可以将"无约电话"视为一个推销人员此次推销成败与否的关键，也就是说，当他通过"无约电话"获得了客户的好奇心，那么他便有机会与之进行接下来的进一步交流，甚至获得登门拜访的机会为客户提供具体的解决问题方案；但是，如果当他的"无约电话"获得的是拒绝，那么他离出局就不远了。由此可见，不招人喜爱的"无约电话"竟是一个推销人员成功的第一步，也是最基本的职业要求，任何一个合格的推销人员都必须闯过"无约电话"这一关，否则这条职业道路将走得格外吃力。

曾经有一个出色的推销人员这样回忆自己"无约电话"的经历：他提到自己曾经在刚刚步入这个行业的时候硬着头皮拨通了无数个"无约电话"，在无数次屡败屡战之后他发现了"微笑拨打"的重要性，其次，坚持的力量不可忽视。

当他在拿到潜在客户的名单后静坐于电话前，总是要用深呼吸的方式来让自己平静下来，然后无论心情多么恐惧都要让其转换成一种自信而亲切的语调。在失败的"无约电话"名单上做好标记，随时准备二次甚至多次拨打，这是一种内心强大的坚持，因为你不能确定是否这一次的拨通就有了打动对方的机会，因此，任何时候都不能气馁。

当然，成功之前，挫败感必然会成为家常便饭，或许客户不但没有被感动甚至雷霆大怒；或许你尽了一切努力进行预约，而对方心中所想到的却是努力挂掉你的电话。这样的情况一旦持续不断，这就意味着：推销人员适当改变自己的时候到了，老路成了死胡同，另辟蹊径为妙。

很多成功的推销人员都表示自己最初的"无约电话"并没有太大的效果，但是他们更善于从细节中为"无约电话"创造有利的条件。比如说当推销人员感觉到客户态度冷淡的时候他不会被对方的情绪所影响，而是会让自己变得更加热情，让心中的热情和真诚通过话筒传递到对方的耳朵中，给话筒升温，对方的冷漠也会逐渐被融化。在接下来的环节中会对电话升温进行详细阐述，总之，在拨打"无约电话"之前推销人员要做好充足的心理准备，在有限的时间内将自己的独特之处传递给对方。

拨通电话前，做好准备

在拨通电话的一瞬间你的心中一定非常紧张，这是一种很真实的心理感受，因为无论对方会给出怎样的回应这都是决定成败的关键一步。或许当你刚刚报出自己名字和身份的时候就遭到了对方的拒绝，你甚至连一个向中心靠拢的关键词都还没有提及就不得不说一句"抱歉，打扰您了"。所以，自信是"无约电话"的第一关，你要充分地相信自己，相信你的产品和服务。而在拨打前做好准备工作，将有利于你提升自信和"无约电话"的成功率。

第一步："找对人，做对事。"找到有权做决定的人，否则再好的电话销售技巧都是白费周折。推销人员在第一次打出陌生电话时切记不要忙于介绍自己或介绍产品，而是找到有的放矢之"的"，确定与自己通话的人就是你要找的关键人物。这一点说来容易，实际上在操作中确实有七成以上的"无约电话"找不到关键人物而以失败告终。关键人物往往具备以下特征，推销人员需留心：能够有资金来购买你的产品；在企业中具有独立采购或决策权；他需要你的产品。

第二步："无约电话"的自我介绍。这个阶段相对来说简练为好，持续时间控制在 15～40 秒之间，但是简练并不是不重要，一个精彩的开场白是恰好能够起到画龙点睛的作用。自我介绍的目的应当是明确的，想办法让自己的一只脚踏进客户的心中，即使是对方几分钟的注意或许也能够成为日后深交的起点。不可否认，"无约电话"的自我介绍是不容易的事情，正所谓"万事开头难"，稍有差池便有可能会吃上闭门羹。因此，开场白一定要出彩。

第三步：对客户需求的发现。在这个过程中需要费些功夫，周转时间可控制在 20 分钟或 30 分钟之中，如果对方在潜意识中将你作为一个推销人员，他或许不会将这么长的时间留给你，他真正愿意留给你的时间不过是 30 秒到 60 秒而已。客户有需求才会愿意与你交流下去，所以当你还没有发现客户的需求点时不要急于将自己产品的优势或服务的独特之处罗列出来。之所以说销售活动中需要花上 70% 的时间用来聆听，聆听的是什么？正是客户的需求。

客户的需求通常分为明确需求和隐含需求两大类：幸运之神如果眷顾，客户直接对你讲出他的需求也是有可能的，当你遇上了有着明确需求的客户，那么你就可以直接对自己的产品与之需求的吻合程度进行分析，交易也能够顺理成章地达成。当然，明确需求的比例在销售过程中是很低的，大约占到千分之一的比例，更多的是客户的隐含需求，是需要推销人员进行揣测分析的。

在应对客户隐含需求的时候尽可能让客户处于放松状态中，使其防备心理减弱，让他知道你是值得信任的，这样他才愿意将隐含需求转化为明确需求。如果客户实在不愿意提及自己的明确需求，那么推销人员可以用多选或单选的方式来暗示客户，比如说"那么，我觉得××是不是更加适合您呢？"或"××的质量不错，广受客户好评，您是否也考虑使用？"这样就给了对方选择的机会，如果你对其需求的猜测是正确的，那么他也会欣然接受你的提议。

第四步：电话销售中与客户进行协商。经过对客户需求的讨论，并将客户能够获得的利益详细阐明后，电话销售便可以进入协商的环节中。电话销售中的客户协商要比当面拜访中的协商难处理些，因为推销人员无法通过客户的表情来分辨其真实的意图，对方所表现出来的异议也无法进行立体揣测。

比如说当客户那方接电话的人提出"我们要考虑一下"或"和我的合伙人商量下"或"这次的采购要获得老板特许才行"这类的话明显带有拖延之意，如果电话销售人员想要避免这种拖延而索要其老板或合伙人的联系方式时，很有可能会将电话那端的客户得罪掉。那么面对这种拖延的措辞，推销人员应当如何处理呢？首先在电话中一定要对客户那端的这种情况表示理解，其次要敢于提出直接与其上级沟通的请求。如果遭到对方拒绝，那么一定要想办法将电话另一方的人发展成为自己的推销代理，也就是努力让对方为自己向其上司或合伙人传话。突出产品亮点，保持与对方良好的关系。

当解决了异议之后，推销人员需要想办法获得客户的某些承诺，这里的承诺即下一步进行中时间、地点的具体约定。当然，客户不会主动为推销人员定下承诺，这需要推销人员主动对其进行引导，比如"王经理，那我下周二下午再给您打电话，看看您这边的进展怎样，好吗？"这样的约定比较委婉，也将客户放置在备受敬重的地位上，使其有被重视之感，较为容易获得同意。

切忌在谈判将要结束时说："王经理，那我们有机会再联系，再见。"这类的话、这样的结尾没有起到任何推动电话销售进展的作用，是一种含混不清的表达方式。电话销售者应当在心中明白，电话销售的过程不是一蹴而就的，它是由很多个环节拼接而成的，每一个环节当中都要考虑下一步的方向，否则下一次你同客户的联系又将成为"无约电话",即使是获得了客户的约见时间和地点的承诺,对方也是很容易发生改变的,更何况是无约之谈呢?

第五步:与客户达成交易。在推销人员对客户一步步激发兴趣后,产品和服务的价值也逐渐显露了出来,客户的疑惑也在交流的过程中得到解决,接下来就迈进了一个更为关键的阶段中,即达成交易阶段。电话销售人员在这个阶段中应当从容不迫,不可以过于急促,但也要避免拖拖拉拉,在时机适当的时候尽快提出成交的要求。毕竟在电话销售中机会往往是稍纵即逝的,所以,电话销售人员最好采取灵活多变的方式来安排成交方式,注意不可以对客户施加过大的压力。

假定成交是常用到的达成交易法,也就是在电话中虽然不提出让客户签单的事项,但是话语之间都将客户放置在已经成交后的待遇上,在讲述具体细节的时候也按照"标准客户"来对待,比如"王经理,您明天下午在办公室中吗?我到时候给您安排送货。"当然,假定成交法只可以在电话时机不错时才能够使用,否则适得其反,反而产生"替客户做主"的嫌疑。

总而言之,一个良好的电话销售过程不仅能够提升电话营销的效率,而且还可以磨炼推销人员整体的交流技巧。以上提及的五种电话营销技巧可以根据具体推销情况酌情使用。

提高接纳度的说话术

要想获得良好的电话销售成绩，仅仅掌握电话销售的步骤是不够的，推销人员更要在语言上进行提炼，同时还要调整自己的心理状态，以下对电话销售在语言上和心理上的注意事项进行阐述：

第一，心理准备。推销人员应当坚信任何一个电话都有可能成为改变命运的时机，所以每一通电话都要抱着认真、负责和坚持到底的心态来对待，这种内在的积极动力能够在很大程度上激发推销人员的潜能。

第二，内容准备。为了避免通话过程中出现表意不明的情况，推销人员在拨通电话之前应当将自己所要表述的内容进行整理，可以用大纲的形式罗列出来，将重要的几点记录在手边的纸条上，如此一来，即使电话拨通后心理上出现波动也不至于因为紧张或兴奋而出现"忘词"的尴尬场面。另外，在通话过程中应当根据对方提出的要求来及时调整自己的交流方式。保证自己在表达的时候语气和蔼、态度真诚、语言有条理。

第三，电话时机。推销电话不是随时都能够拨打的，除非你不想获得客户的认可，所以，掌握拨通电话的时机非常重要。推销人员应当避开吃饭或睡觉的时段拨打电话，否则很有可能会造成对客户的打扰。最好是在工作时间内拨通电话，然后有礼貌地征询对方是否方便接听，比如"王经理，您好！我是××公司的××，这个时候打电话给您没有打扰您吧？"如果对方回应自己正好要去赴约或有客人在等候，那么推销人员不宜强行挽留，应当有礼貌地表示理解并确定下一次通电话的时间，然后挂断。

第四，语言巧妙。电话接通后推销人员勿忘自报家门，然后确认对方的身份，继而进行业务商谈。比如"您好，我是××公司的××，请问×经理在吗？"或"×经理您好，我是××公司的××，关于……"。

因为长时间的电话联系容易给客户造成占线的困扰，所以推销人员尽可能将交谈的过程变得简洁明了，必要的寒暄客套之后明确下一次的当面会谈时间，尽量少提及关于业务的话题。在电话挂断之前推销人员不忘对客户致谢，如此能够加深客户对自己的印象，比如"非常感谢您倾听我的介绍，希望我们能够进一步的合作……"、"谢谢"、"再见"这样的礼貌用语不可缺少。

第五，挂断电话。挂电话的主动权一定要留给客户，当对方挂断电话后推销人员才能够将电话轻轻放下，这是对客户的尊重。一些推销人员在挂断电话后习惯于从口中说出自己的抱怨或对客户进行负面评价，这个毛病一定要改正。作为一个专业的电话推销人员，言行举止都应当表现出对客户的敬意，即使在背后也不可进行语言诋毁。

推销人员除了需要注意以上五方面的内容外，尤其在语言的表达上需要格外用心。在电话推销中要保持自信的语言，同时在动作上也要充满自信。如果是与客户面对面交谈，推销人员的动作姿态则能够起到重要的作用，敢于直视客户的双眼，大方地伸出自己的手，充满信心地将自己的名片递出，客户在潜意识中也会受到你的指引，他们也乐意将自己的手伸向你。在电话推销中，客户看不到你的动作，但是你大可不必为此而将这些省略，它们会在无形之中让你的语言增添自信的力量。

在销售电话拨通后最好不要进行过于简略的寒暄，这样不易给客户留下深刻的印象，有一个优秀的推销员这样介绍自己的经验，他说当他与陌生客户打交道的时候会直白地将自己内心的感受表达出来，他会告诉客户："我试图获得您的喜欢，因为我渴望卖出自己的产品，请原谅我只会说实话。"这样反而更好地让客户打开心门与之进行交流。

另外，一定要使用谦虚的语言，无论你所面对的客户是新客户还是有过交流的客户，用谦逊的语言来开场更能够拉近双方内心的距离，在介绍完自己的情况后可以顺便提及一句："我是否打扰到您了？"不要小看这句话，它能够将推销人员置于一种非常有利的位置上，为什么这么说呢？

假设你的潜在客户确实在开会或者在会客，他会毫不犹豫地回应你"不好意思，我现在确实有要事在身，我这里来了贵客。"这是一种拒绝的话，但你可以为自己赢得下一次的机会，因为你可以回应"非常抱歉打扰您了，那么，我什么时候再打来比较适合呢？"或者你指定一个时间让对方选择，比如"那么，我下午再给您来电话如何？还是明天上午呢？哪个时间段您比较方便呢？"这时候潜在客户便会在你的引导下从中挑选出一个他比较方便的时间。

假设在你问过了"我是否打扰到您了？"这句话之后，潜在客户回应"没有打扰，需要我做什么吗？"这是一个好兆头，说明他在心中对你的电话表示接受，并且乐意听你继续讲下去。你所说的那句"打扰与否"不仅能够表现出你的礼貌，还表达了你对客户格外的尊重，他们会因此对你心生好感也是大有可能的。

假设你在问过那句"打扰与否"之后对方没有客气地回应你，而是生硬地甩来一句："怎么了？"或"什么事？"这时候推销人员需要引起注意，对方的话语中对你的寒暄有着质疑的成分，潜在客户已经处于一种内心防御的状态下。不难看出，他不想与你进行任何周旋，而是直奔主题而来。很多推销人员会因为客户语气的冷漠而不知所措，以至于被客户所牵引按照对方的意图进行接下来的表述，不假思索地将自己推销产品或服务的意图说出。然而，这并非详细介绍产品的最好时机，客户很有可能不耐烦地表示拒绝。那么，遇到这种情况推销人员应当如何是好？当然要给出对方回答，但是在回答中要突出关键词，越有特色越好，最好是能够让客户一下子铭记于心，即使对方用拖延的方式表示拒绝，但是日后还有进一步交流的机会。

比如说，当客户问"你要做什么"时，你可以简练地回应"您好先生，您所在行业中很多客户遇到的一系列问题的解决方案已经被我们找到了，我想知道我们是不是能够交谈一下？"这样的回应不会给人拖沓之感，而且也起到了"饵"的作用，将客户的胃口吊起来。

创造熟悉感

一些推销人员在介绍自己的产品和公司的时候，为了将它们的特长和益处凸显出来往往采用这种方式："先生您好，我们公司以高品质标准而在行业中知名，我们希望可以获得为您提供解决问题的机会，我们会用最佳的产品和服务来为您服务。"

这样的推销词听起来也不错，但是如果站在客户的角度来听，这样的介绍词却似乎并没有任何谦逊之感，也不像是出自一个为自己招揽客户的推销人员之口，倒更像是在听一场著名企业家的演讲"我们企业因……而闻名，我们具备最好的……我们希望有机会……"或许客户还没有听完你的介绍便举起手回答"不必了，不过，谢谢你，我们已经……"

看起来不错的推销词竟然会以失败而结束，原因何在？除了言辞间缺乏谦逊之感外，推销人员也忘记了在客户间创造一种熟悉的气氛。实际上，这种一蹴而就的心态本身就是过于急切的，然而"欲速则不达"，按部就班地前进，步步为营才是推销人员应该走的道路。在推销电话拨通后，推销人员不但要将自己打电话的原因说出，而且还要挑选一种能够激发客户兴趣的方式来阐述，时刻引导着对方愿意迈出向你靠近的下一步。

尤其是初次的电话销售，历来有着"冷电话"的称谓，所以推销人员要做的第一件事是让电话由冷变热，寻找一种策略让客户放松戒备，让他将你视为自己的"熟人"，让其周围的人明白你是已经获得"入场券"的幸运儿。

每一个人都更愿意和"自己人"进行交流，那么推销人员就要想方设法将自己变成客户的"自己人"。有这样一种现象：当你已经有一份工作时想要找到另一份新工作不是难事，当你已经有了伴侣的时候想要获得更多约会的机会反而会更加容易。同样的道理，当你掌握了大量潜在客户的信息时，一个不小心你的客户群便能够得到成倍的增加。当然，前提是你要融入这些客户之中，成为他们中的一员，成为客户的"自己人"。我们不妨来分享一个成功推销员的案例。

亚特兰大的西北互助人寿保险公司的最佳员工之一奇普·格雷迪有着骄人的销售业绩，当人们问及他成功的原因时，他脱口而出"创造熟悉感。"比如，他在与一位陌生客户打电话时会这样说："史蒂夫您好，我是奇普·格雷迪，来自西北互助人寿保险公司。不知道弗雷德·汤姆金斯是否告知您我会打电话来？"

"是的，他曾经提过。"对方回应道。

"弗雷德是我的客户，但是，他更是我的挚友。我常常听他提到您，只要一谈起你的名字弗雷德便会变得格外兴奋，每每都会对您称赞有加，并且他一直希望我能够认识你，他向我打过保证说我一定会被你的风采迷住。你愿意用几分钟的时间来让我达成弗雷德的心愿吗？"……

不难想出这样的一番对话后二者的交流情况，很快地，二人便成为真正的熟人。对奇普·格雷迪来说，推销过程中最关键的环节不是对产品的介绍，而是留给客户的第一印象。当然，如果能够有一个强大的人际关系网络，有熟人进行相互间的推举，那就更加完美了。一个有说服力的推荐人能够起到重要的辅助作用，潜在客户在熟人的影响下通常都会给出几分颜面，为其留下几分钟的交流时间，这样条件下的交流也更加具备信用度。

"爆米花效应"，有效建立可信度

玉米花爆裂的声音清晰干脆，"砰，啪……"几分钟之后坚硬的玉米便炸成了爆米花。在销售过程中想要阐述自己公司和产品的可信度可以利用"爆米花效应"，也就是像爆米花被炸开的声音自信快速地对客户讲解出自己公司的客户、潜在客户、媒体案例或者合作伙伴，这种坚定、自信而有力的声音能够提升公司的层次和可信度。

"爆米花效应"在电话销售中非常重要。因为在电话销售中推销员与客户之间很少有面谈的机会，能够传递信息的全靠销售员对语言表达方式的掌握，语速、音量都能够从侧面传递出产品的相关讯息。

比如，推销员在电话推销中说道："先生您好，您曾经提到过是否有增加收入并降低支出的良策，实际上德尔塔航空公司、康柏、雷立全球、摩托罗拉和洛克希德·马丁等大型公司也都在寻找这样的方式，这样正是他们为什么会选择同我们公司进行合作的原因。那么，您想不想知道这些公司为了实现这个目标都采取了哪些策略呢？"

这样一连串地说出很多相关客户的信息，并且不忘在使用"爆米花效应"

的同时顺便运用上"牧群效应"，在无形中自然能够给客户一种信心，产品的可信度提高了，接下来的谈判推销人员就能够把握主动权了。遗憾的是，很多推销人员忽视了"爆米花效应"的重要意义，也很难掌握这种技巧，他们在与客户沟通中往往是仅仅说出了两到三个客户后便戛然而止，"爆米花"的整个过程呈现出断断续续之态，给人一种含混不清的感觉，反而弄巧成拙，不但不能提升产品的信誉度，甚至还会有损品牌的形象。所以，推销人员一定要避免出现这样的错误，尽可能地提升自己的语言表达能力，在列举典型客户的时候尽可能多地列举出较多的公司，营造一种一鼓作气的气势。

推销人员在与客户进行交流的时候不妨尝试使用"爆米花效应"，在客户面前尽可能多地说出较多相关客户的名称以及对方与自己进行合作的事宜，这样的方法在很大程度上能够让眼前的客户也对你的产品提起兴趣。

当然，在完全掌握"爆米花效应"之前推销人员需要经过一番锻炼，最主要的就是想办法提升自己的记忆力。超强的记忆力和良好的表达能力能够让推销人员在关键时刻对客户说出一连串令人印象深刻的参考客户和相关事宜，在准客户面前尽显优势。想要实现"爆米花效应"关键在于练习，与推销员本身的智力并无太大联系，这一点推销员应当谨记于心，这正是"熟能生巧"所致。

推销人员在练习的过程中可以事先准备一张纸条，将客户的名单按照其行业、规模或联系时间长短的不同标准进行分类，并分别列在纸条之上。随后，对纸条上的内容进行强化记忆，按照不同的分类尝试着用较快的速度将他们说出，利用闲暇时间查询名单中客户的详细资料，推销人员要确保将每一位客户的具体情况都了然于心。这属于纵向记忆法，此外还有横向记忆法。

所谓横向记忆法，也就是推销人员在对客户进行纵向记忆的同时可以将客户的分类标准重新安排。比如说按照客户的地理位置抑或其姓氏在字母表中的顺序来进行归类，并尝试着能够将所记忆到的内容迅速连贯地表达出来。推销人员将客户的情况述说的越是具体就越能够将自身产品或企业的信誉度提升得更高。对于推销人员自身来说，在纵横记忆法的影响下，很快地自信心也会倍增。

电话留言，是敌人更是朋友

对于很多销售人员来说，电话留言是最大的敌人。因为销售人员都想要跟客户进行直接对话，但是电话留言却会拦住销售人员进攻的步伐。因为现在大多数客户都不太在意销售人员的留言，有的甚至听到开头就会直接挂断。

有些老销售告诉销售员，当听到是电话留言后就挂掉电话。他们希望你能够不断地打电话，直到对方把电话接起来。然而，潜在客户越忙，或是越厌恶接到推销电话，这种策略就越没用。

另外一些老销售认为你应该留下强势的留言，使潜在客户觉得有责任给你回电话。问题是，这些信息成了客户们在心里腹诽的段子，因为最后那些销售员总是留下千篇一律、毫无新意的留言。

通过前面讲到的提问销售法，销售人员要将自己与普通的电话推销区分开来，不是为了不同而不同，而是通过差异化提高你的效率。这需要你通过电话留言来激起客户的好奇，使客户回复，最终引领潜在客户进入高效的销售对话。

提问销售法是在激起潜在客户的好奇心后传递价值，而不是利用价值来激起客户的好奇心。

当销售人员们学会如何激起潜在客户的好奇心之后，电话留言就会成了你的好朋友。实际上，很多金牌销售的成功秘诀之一就是非常高的反馈率——他们所留的电话留言有95％会得到客户的回电。也就是说，他们通过电话联系的客户中有95％会给他们回电。为什么他们会得到客户的回电呢？就是因为这些金牌销售在留下电话留言的时候，从来不会去说些产品的特点、价值、解决方案、客户需求和关系等。金牌销售的脑海中只会想一件事，那就是怎么说才能激起客户的好奇心，让客户给自己回电话。

激起潜在客户的好奇心非常需要认真思考和创造力。没什么魔法可以保证你的每一个电话都能成功。当进行电话留言的时候，你有很多方法可以激起潜在客户的好奇心，使潜在客户进入高效率的销售对话之中。以下有几种方法：

1.问一些"只有你"才能回答的问题

销售人员并非总是给陌生的客户打电话，有时也会给已经熟悉的客户打电话——例如，合作过的客户、拜访过几次的客户、本行业的其他朋友。给熟悉的客户打电话比给第一次接触的客户打电话要容易得多，但你还是要想尽办法来争取潜在客户的时间和关注。所以，抛开老套的电话留言，你可以这么说"王太太，您好！我是××公司的销售人员××。希望您下午可以给我几分钟时间，因为我有一个关于……的问题（客户关心的问题），只有您才能帮我解惑。如果您方便的话，可以给我回电话，今天下午5点以前我都会在办公室，等您电话。"

王太太会给你反馈吗？如果你的留言激起了她的好奇心，她就会给你回电。这个技巧十分有效，因为这个问题既不会冒犯到别人，还能表现出紧迫感，因为"只有你"能回答的问题一定是非常重要的。这个技巧也非常简单，在你打电话之前只需要想出一个只有你的客户才知道的问题，比如"王太太您觉得××怎么样?"或者"您对××怎么看?"这些提问只有王太太本人才能解释和回答，因为你是在征求她的想法和看法。而大多数人（你熟悉的人）都会乐于给出自己的观点，你去征求他们的意见会让他们很高兴，这会使他们产生满足感和帮助别人的成就感。

2.有件事让我想到您

通过使用类似的方法，你可以引起已有客户的好奇心，这样他们就会回复你的电话。你在留言的时候可以这么说"李先生，你好! 我今天给您打电话是因为有件事让我想到了您，如果您有时间回电的话，我今天会等您的电话，我的电话号码是⋯⋯"

如果你是李先生，你会回复这个电话吗? 大多数人会回复，他们想知道究竟发生了什么事情让你想到了他们。要注意的是，当他们给你回电话的时候，要准备好一个故事或者趣事，能够将谈话引到销售上。

3.建立关联推荐

什么是关联推荐? 它是指你在目标新客户中的联系方可帮助你有理由去拜访主要决策者并展开对话。实质上，关联推荐传达的是一种熟悉感，有助于你引起潜在客户的好奇心并促使他们想要进一步参与进来。

当确定了目标客户，寻找合适的关联人接近客户是一个不错的想法。可能你已经与客户公司的其他部门有过联系，那么你可以借此接近主要决策者。如果你没有和目标客户的关联部门产生联系，那么你可以使用提问销售法来解决这一问题。

提问销售法采用了不同的方式，销售人员不可能总是指望拥有现成关系或推荐为他们发掘新客户打下基础，但他们可以一直创造并利用"关联推荐"。

例如，假设你想到某超市内部推销，但你没有渠道。当然，你可以拿起电话向部门总经理（假设他叫秦亮）拨打令人讨厌的销售电话。但优秀的销售人员绝不会这样做，因为很可能他们已经接到过你其他同行打来的无数销售电话。

此时，那些优秀的销售人员会另辟蹊径，不会直面终端客户，而是打入采购部门。从采购（或其他部门）开始是一个很巧妙的办法，因为它们常常产生关联推荐。

因此，你可以致电某超市的采购部门。电话铃响后，假设是一个语气生硬的人接电话（假设她叫左志芳），并且她的脾气不好。可能你有机会与她交谈。下面即谈话"通常"进行的方式：

采购：（电话铃响）"这里是采购部门，我是左志芳！"

销售人员："你好，左女士，我叫××，来自××公司，我遇到了一个生产问题，希望你能帮助我，你方便吗？"

采购："方便，我能为你做什么？"

左志芳提供了大量的信息——在你们的对话中，你可以得到将到来的项目的信息并找出决策者。然后，当结束通话后，你可以给秦亮打电话并留下以下语音信息："秦亮你好，我是××公司的××，我刚才与贵公司采购部门的左志芳通过电话……有一个问题需要解决。如果方便，请回复×××，我会在办公室恭候你的电话。"

你认为秦亮会回复电话吗？如果他想知道发生了什么事，他就会回复。这种方法十分有效，因为你确实与左志芳通过电话，并确实有问题，但是，如果秦亮问你为什么要与左志芳通话，你该怎么说呢？你可以回答："秦亮先生，您好，感谢您回复电话。正如我在语音留言中所说的那样，我是××地区××公司的区域销售经理。我最近听说贵超市准备资助东北的一个公益项目，我不知道该联系谁，所以给采购部门的左志芳打了电话。因为她似乎不太了解该项目的详细情况，我想与您联系。看看是否能就项目及方案进行会谈，我可以与您谈谈吗？"

采购部门的左志芳是关联推荐，她不是终端用户，不做实际决策。她甚至不太可能帮我们确定合适人选。但无论任何时候当你留下信息说明"刚刚与采购部门的左志芳通过电话"时，接收人都会回复，因为他们想知道发生了什么事。

关联推荐并不一定非要来自采购部门，此方法也可有效用于联系同一公司的其他决策者。例如，与左志芳交谈就创造了你给另一部门总经理（假设叫廖春明）打电话的机会。那么你可以采用同样的方法留下语音信息："您好，廖春明，我是×××公司的××，我刚与后勤部门的左志芳通过电话，在我们的交谈中产生了两个问题，我想它应该在您职责管辖范围内，您能在下午给我回电吗？"

利用好奇心给销售员提供了很好的机会去发挥想象力，但要注意的是，销售人员不能做出过分的事情。如果你富有想象力和坚持之心，你根本不必违背自己的诚实去引起客户的兴趣。

电话销售五禁忌

电话销售是销售人员进行工作中必然会遇到的一项工作，而在电话销售过程中也有许多禁忌。

禁忌一：在电话推销中"背台词"。

通常情况下每个公司的推销员都有一套自己解说产品的销售说辞，有的公司在进行电话销售培训中还要求推销员将这些固定模式的"台词"背诵下来。这是训练推销员的常见步骤，而有很多推销员却将此作为电话销售的唯一途径。电话销售中，一方面推销员无法看到客户的表情，另一方面又不会根据客户的反应来转变谈话技巧，只会一味地背诵"台词"，其推销的结果可想而知。

不同的客户会对产品产生不同的需求，推销员只有抓住了明确性的购买动机才能够实现有的放矢。例如，一个家庭来到汽车专卖店挑选汽车，推销员与不同的家庭成员在交流中就需要有不同的侧重点，不可按照一个模式来沟通。通常，丈夫对汽车的性能、耗油情况等功能感兴趣；妻子更看重汽车的舒适性、安全性等特点；孩子最关注的是汽车的外形与颜色。所以，推销人员应当根据不同的客户类型来选择推销技巧，切不可千篇一律地用那套

"台词"来应付。

再比如，不同的人来挑选机器设备，他们所关注的点也不尽相同。企业老板更看重机器设备的运作效率，是否能够产生利润；财务部门侧重于设备的价格，力图省钱；技术部门对设备技术的先进性更为关心；一线员工则更关注设备在使用中是否便于操作。所以，面对不同的客户群体，推销人员应该有不同的说辞，正所谓"见什么人说什么话"这正是电话销售的基本原则。

禁忌二：直肠子被客户牵着鼻子走。

电话推销上常见的通病之一就是被客户牵着鼻子走，这样的商谈建立在一种不平等的位置之上，推销人员会变得被动，最终难以达成交易。这种情况对于新入职的销售人员来说更为常见，他们因为经验的缺乏而无法从客户的言谈中找出对方的真实想法，只能让自己在被动的位置上沦陷。

比如，当在沟通中听闻客户提出"产品质量欠佳"，销售人员就信以为真，觉得客户最看重的是质量，又认为自己产品的质量很次，在没有经过慎重思考的情况下便针对所谓的"质量问题"进行辩驳。但是无论销售人员提到先进技术或是先进设备生产等特点时，客户的反应都很淡漠。实际上，这时推销人员最好的做法是询问客户觉得产品质量的"差"具体表现在哪里，如此一来，推销人员便能够接过话语的主动权，让客户按照自己的提问往下回答。通过对客户言语的表露发现其真实的意图，或许真的是"醉翁之意不在酒，在乎山水之间也"，有可能对方之所以拿质量说事，是为了将产品的价格再降低些。

在包括电话销售的各种推销中，客户都会刻意制造一些言不由衷的情景，这就需要推销员学会察言观色。

禁忌三：电话销售中过多使用专业术语。

电话销售中，在适当的情景下使用一些专业术语是有利于推进双方商谈的，同时也能够凸显出产品的科技形象和推销人员的专业素养。但是，如果在对客户讲解产品的时候推销人员满嘴的专业术语，恐怕会带来负面的效果。客户因为听不懂专业术语容易对产品失去兴趣，或是感到自己很无知产生挫败感，或是认为推销人员过于卖弄，心生反感。

电话销售中双方不见面，沟通较困难，推销人员在介绍产品的时候对专业术语要酌情而用，最好能够用一些生动形象的比喻来将产品的性质和利益描绘出来，如此一来也能够给客户一种亲近感。

禁忌四：情急之下出现争辩和质问。

与客户沟通时难免出现意见相悖的情况，这时候推销人员切不可同客户出现争执，要时刻明白自己的目的是将产品销售出去，在整个过程中要能屈能伸才行，更何况辩解往往起不到解决问题的作用，反而会让客户感到推销人员心胸狭窄。出现争执的苗头时，推销人员要及时悬崖勒马，尝试着用平静的心态来理解客户对产品的见解，根据对方提出的问题做出解决性的回应。

另一种常见的争执情景是：当推销人员热情地讲解了大半天，客户却决定放弃合作，情急之下有的推销人员会用质问的口气来对客户步步紧逼。比如"您为什么不买？"、"难道你对我们的产品有所成见？"、"你有证据说我们的售后服务不到位吗？"等。这种质问的口气既是缺乏礼貌的表现，也会在一定程度上伤害到同客户的感情，所以一定要避免。

禁忌五：同客户沟通过于直白。

沟通是一门艺术，尤其是对推销人员来说，可能要同成千上万的不同客户打交道，因为各自所处的阶层不同、专业特长各异、知识见解有所差别等因素，在相互沟通的时候语言不要过于直白，根据客户的语言风格来选择自己的交谈风格。另外，每句话都最好三思而行，不要让自己的某句无心之话毁掉一个本该成功的交易。如果在沟通中发现客户在某些观点上有着错误的认识，也不要直白地将其错误指出，否则对方可能有颜面尽失的感觉，可以进行委婉的忠告，使对方会意。

第九章
用"会促销"取代"常促销"

　　如果说"促销"在过去能引起客户的强烈回应，那么相比之下"促销"现如今的待遇已是急转直下。它依然能吸引客户的目光，但是这份吸引力如同被稀释的果汁，变得淡而无味。这与促销的过度使用不无关系，琳琅满目的促销广告充斥着人们的生活，几乎到了无处不在的程度。当客户对促销越来越习以为常，当各商家的促销竞争越来越激烈时，用促销活动的品质取代促销活动的高频率，才更能赢得客户的青睐。

会打折，你的店面也可以日进斗金

随着社会经济的发展、竞争的不断加强，扩大销售量、占领市场的有利地位是每个店主所向往的，店铺可以采取产品降价的方法，也就是所谓的打折促销，此举能够有力地提升产品在市场上的占有率、扩大销售额。物美价廉的产品是每一个消费者所喜爱的，当顾客们听到打折促销，便会蜂拥而至，这时便是店主大赚特赚的绝好机会。

通常来说，打折促销有如下几个优势：

第一，打折促销便于操作。

打折促销不像其他经营策略那样需要非常精心的准备，只要店主有打折的意愿，便可以即刻行动。当然，店主也一定要确保在允许促销预算的范围内进行促销，否则可能会出现赔本的现象。

第二，打折促销的效果立竿见影。

打折对于每一个消费者来说，都是具有杀伤力的销售手段，消费者都出于花钱买实惠的心理，每每甘愿掏腰包。鉴于折价的促销效果如此明显，所以，店主可以通过打折促销来扩大自己的市场占有率，进而提升销售额，最终取得绝佳的经济效益。

第三，打折促销可有效培养和提升现有消费群体。

打折促销活动其实也能起到一种十分有效的广告效益。它可以为店主在广大消费群体中间树立一种质优价低的形象，从而促使消费者进行重复购买，进而形成一个稳定的现有消费者群体，同时还可以带动周边消费者的消费冲动，如此店主的纯销售额也就不断提升，在竞争中有效地冲击竞争对手，提升自己的抗击打能力。

打折促销一般有如下形式：

第一，直接打折。

直接打折可以直接刺激消费者的购买欲，促使消费者进行购买，也能带来一定的广告效应。

第二，价格折扣。

可以按照消费者购买的数量进行段位的价格折扣，消费者购买的数量越多，折扣就会越大，这样更能刺激消费者大购特购的心理。

第三，赠送优惠券。

优惠券可以结合价格折扣，消费越多折扣越多同时还赠送优惠券，这样优惠券又能带来再次消费。

第四，赠送礼品。

店主可以规定在消费者消费一定数量或者消费一定的金额后赠送礼品，消费越多礼品越好，这样就能进一步促进消费，进而带来更大的经济效益。

对有些商品进行大幅度降价，要比对很多种商品进行小幅度降价的促销效果好。

一般情况来说，降价打折幅度小于10%时，打折促销的效果不会是那么明显，所以降价幅度至少要在 15%到 20%以上，这样才能有明显的促销效果。同时要注意的是，当降价幅度超过 50%时，消费者就会质疑产品的质量问题，从而达不到打折促销的效果，并且有可能带来负面的问题。

可以把降价标签直接挂在商品上，这样最能刺激消费者的购买欲。因为，消费者不但一眼能看到降价金额、幅度，同时还能看到降价产品。这样，更能促使消费者购买，也能有效地体现出打折的程度，有效地带动其他产品的销售。

可以在降价标签或降价广告上注明降价前后两种价格或标明降价金额、幅度；店铺把前后两种价格标签挂在商品上，以证明降价的真实性，这是很明智的做法，店主们可以借鉴。

以上我们讲述了打折促销的方式和重要性，如果留心便不难发现这些花样繁多的打折活动往往会在节假日中举办，为什么商家喜欢将打折的时机定在节假日中呢？节假日期间人们有了自由活动的时间，外出概率大大增加，商场店铺中人来人往，正是产品销售的大好时机。这时候店铺中举办打折促销的优惠活动能够在第一时间吸引更多的客户光临，人们想要获得质优价廉的商品都愿意进入店铺中一探究竟，店面实现日进斗金也是可以实现的。

时机与频率，不能随心所欲

　　价格促销捕捉的时机得当，店主能够广泛招揽客户，创造丰厚利润。但是如果商家既没有抓住促销时机也没有良好的促销策略，那么价格促销反而成了多余之举，甚至有自跌身价之嫌。由此可见，价格促销本身是一把双刃剑，想要让它发挥积极的作用，店主则需要经过一番深思熟虑。

　　店主要掌握价格促销的最佳时机和活动频率，在这两方面不可以过于随心所欲。试想，如果促销活动的频率过高，顾客难免会产生心态上的疲劳，产品对客户的吸引力也逐渐丧失，甚至可能会被客户怀疑为店铺生意低迷唯有如此才能够招揽客户，在这些偏见下他们更愿意采取一种观望的态度。加上消费者的消费观日益理智成熟，但凡他们对产品没有绝对的需求，他们也不会盲目地进入店中进行选购，即使店铺中打出了"打折促销"的字样。纵然是打折促销能够在一定时期吸引一部分客户，但是从长远来看这样的吸引仅是短暂的，是有着一些泡沫效应的，既然是泡沫，便有破灭的一天，那么，店主如何让打折促销所产生的效应延伸得更长一些呢？以下提供六大促销策略，可供店主参考。

其一，促销时机策略。想要在促销活动中获取最大的效益，店主找准促销时机尤其关键。普遍的打折促销时机有五一、十一、元旦、春节等国家法定假日，将市场上客流量多、消费欲望强的特点加以利用，往往能够创造出销售高峰。这样的促销时机往往被大多数商家所采用，当众人都在同一时间段开展打折促销的时候，这就意味着自己的客户会有一部分被其他店铺所共享，店主除了在这些众所周知的假日时节中打折以外还可以制造出一些特殊的新闻或者事件，以此为由开展打折活动，另外，在销售的清淡季节可以考虑"淡季清仓大酬宾"等活动。

其二，促销范围策略。店主需要明确店铺中哪些产品进行打折，并对于其实行打折的原因进行解释。打折的范围和原因很重要，也是消费者所关注的内容，比如说，店主可以考虑将一些新品进行打折，或者对一些区域性明显的产品推行打折，总之需要考虑天时、地利与人和的各种因素，做到因地制宜、因时制宜。

其三，打折程度策略。让利于消费者也要有一定的限度，在促销活动开始之前店主需要明确产品打折的幅度，如果能够给打折制定一个合理的程度，不但能够吸引客户光临，而且也能够让自己保住利润。打折幅度太低会让消费者感到实惠甚微，打折幅度过高又会有人认为这不过是廉价低端产品出售而已，这两者都会对店铺和产品造成负面的影响，可见，店主在打折程度上一定要酌情确定。

其四，活动期限设定。打折应当持续多长时间才能够取得更好的效果呢？有的店主有这样的误解，他们认为打折时间越是长久，就越能够吸引更多的客户前来光临，实际并非如此。倘若打折活动的持续时间太长，消费者立即购买的决心反而会被减弱，人们也没有了购买的迫切性。活动期限设定在 5

日至 10 日内较为合适，还要提醒消费者店中产品的有限性，传递给对方"时不我待"的信息。

其五，活动方式策略。想要吸引更多的消费者，可以丰富打折促销的方式，将降价与其他的活动（比如抽奖等）相结合，这样能够激发客户购买的动机和频次。在制定互动策略的时候一定要讲求创新，往日打折促销的陈旧方法和众所周知的促销策略已经被消费者司空见惯，想要让自己的促销成为真正的亮点，店主则需要时刻牢记求新求变的重要性。

其六，反季节促销策略。诸如衣服、鞋帽之类的商品通常具有季节性的特点，同一件衣服在不同的时节中也会出现不同的价格安排，因为这些实用性的商品对消费者而言在不同的时间段中有着不同的被需要程度。正如一条水中之鱼，清晨时分生猛鲜活，傍晚期间无精打采。服装鞋帽类的产品因为季节的更换所需要的程度发生改变，所以冬衣在夏季水降船低，这时候为了避免出现产品积压，"反季节促销"也是一条可行之路。

小投入如何制造大效果

聚集人气是促销的根本目的，对于一个店铺来说只有客源不断才能获得更大的利润。一个终日无人光临的店铺是不可能大赚特赚的。对于店主来说，如果能够用最少的钱获得最好的促销效果那就再好不过了。

实际上，这并不是一个不可能实现的愿望，店主只要多花费一下心思就能够实现，以下给大家推荐几点促销建议：

第一，策划一个完美的主题是成功促销的点睛之笔。

客户只会在令他感兴趣的事物面前停下脚步，所以，这个促销的主题一定要围绕着客户的兴趣来制定。促销主题所能够传达出来的信息一定要简洁明了，令客户一目了然，只要是其兴趣之内的事情，他们定会了解参与。除此之外，主题言辞的拟定最好通俗易懂，朗朗上口，这样一来客户也能够很好地铭记。店长应当时刻牢记顾客永远只会对那些有益于自己的事物感兴趣，那些令人一头雾水的事物是难以引起人们好感的。

第二，精心选择促销活动的场所，找到"天时、地利"因素。

如果你想让自己的店铺在当天人气聚集，那么将促销活动现场设置在店内也未尝不可。当然，也可以在店铺以外的地方设置促销点，一个合适的地点能够招揽更多客户的目光，让店铺的名声大噪。最好的选址场所需要具备如下特点：交通方便、场地开阔、人群聚集。顾客不用花费太多的交通费用就能够临场并享受促销的优惠价，何乐而不为呢？

第三，为了聚集人气、扩大声势，利用各种宣传手段。

促销活动开展的前几天会非常繁忙，相关人员需要做好宣传策划工作。通常情况下在活动开始前的3~7之内至少要对客户预告宣传三次，让此次的促销活动被尽可能多的人知道。宣传的方式多种多样，最节约成本的宣传是张贴海报，在社区的告示栏、宣传黑板报、楼道入口以及商场出入口、超市出入口、菜市场出入口等地方张贴。这些场所中人员来往较为密集，能够让更多的人知晓活动的情况。

第四，将促销现场的气氛进行渲染，夺人耳目。

这是一种规律：一个地方聚集的人越多，越会有人愿意前往凑热闹，这是由人们的从众心理决定的。基于人们的这种心理，店面在进行促销活动的时候才更要将现场的气氛渲染一番，拟定一些夺人耳目的亮点吸引客户。客户越多，成交的概率就越大。以下对渲染现场气氛的技巧进行解说：

其一，利用视觉手段。让气球、充气模型派上用场，另外横幅、条幅等外挂品也能够起到造势的效果。购置一些小气球，在上面印上此次活动的简要说明，将其散发给带孩子来的顾客；给光临的顾客散发一些小型精美宣传品。

其二，利用听觉手段。在店铺外放置麦克风、扩音器，播放欢快的曲子，或者用设备重复播放录像录音。但凡是能够吸引客户前来的声音都要利用起来。欢快的节奏能够让消费者的心情愉悦，在一定程度上有利于对方积极参加促销活动的一些环节，提升自我表现欲。

第五，布置现场很重要，任何细节都要留心。心理学中反复强调"第一印象"的重要性，当客户走进店铺时，所看到的肯定是该店铺整体的布置情况。气氛欢快、热闹，布置宽阔、整洁，这些外在条件一定要让客户感到舒适，在舒适的基础上他们才会考虑选择购买。以下来介绍可以布置现场的参考方案：

其一，充满季节特性的现场布置。春、夏、秋、冬一年四季这样的主题在卖场中凸显出来能够给客户一种"紧跟时间"的感觉。与之相关的比如"春节换季大减价"、"店铺周年庆"、"中秋 N 大活动主题"。所选场景明确后，相应的主题吊卡不可或缺，其位置较适宜选择在大门橱窗主动线，根据特定的季节或节庆特色来挑选适当的颜色。

其二，充满特色的饰物来装扮。如果促销时间恰值春天，则可以在店铺中用风筝、柳树枝、昆虫等具有象征性的饰物来进行现场布置，增添促销的活跃、生动之感。相应地，如果是夏季则可以选用花朵、裙摆等饰物；秋天和冬天则可以分别用枫叶和雪人。这些装扮的小饰物虽然不起眼，但是却能够从整体上调和现场的促销氛围。

小赵有一家小本经营的店铺，生意一直很清淡，于是小赵决定向大商场学习搞一次特价促销活动。有一些商场喜欢用一些夸张的文字来吸引顾客，比如说他们会用到"跳楼价"、"成本价"、"大甩货"等字眼，然而仅仅是字面上的意义，在价格上却并没有太多的优惠，往往使得客户满怀期待而来，失望而归。小赵心想：我的产品一定要货真价实，绝不以降价为幌子。因为促销活动策划得非常好，自然引来很多客户，尽管当时一些人抱着半信半疑的心态前来，但当他们发现该店中的货物果然是大打折扣后，便开始了抢购，甚至还有一些人不断给自己的好友打电话告知对方这里有活动的消息。

正所谓"薄利多销"，活动当天生意要比以往任何时候都要火爆，顾客络绎不绝，甚至能够与大商场相媲美。忙碌了一天后，小赵发现促销活动的营业额居然是往日的十几倍。尽管卖出去的促销商品几乎没有什么利润，但是随带着却也卖出去了比平时还多几倍的其他商品。小赵的收入高涨，他的店铺也在整个市里小有名气。从前那种门可罗雀的状况一去不返，现在随处可见店中走动的客户。

事实证明，小赵所采取的这种营销策略是适合于他的。这仅仅是生意好转的第一步，接下来小赵又收到一个好消息：因为销货量增加，他需要从批发商那里进更多的产品，在经过申请后批发价格也有了很大程度的优惠。如此一来，小赵的运作便成为名副其实的低成本。商品流动快，花样能够及时翻新，加上期间定期进行促销活动，客户更愿意光临了，一种良好的循环状态便形成了。

想结什么果，就种什么树

所谓的"天时"，便是凡事都要顺时、顺势，寻找到合适的促销时机，产品实现促销成功便不是难事。市场经济的快速发展致使各类店铺之间出现了日益激烈的竞争，每个商家都在思考能在竞争中脱颖而出的策略，想要生存就要保证生意的兴旺，而如何让生意兴旺成为各行业间共同关注的话题。当然，不可否认一家店铺能够获得成功离不开方方面面的工作，然而想要找到一种短时间内见效的快速的、直接的方法还是需要利用产品促销策略的。

我们不妨以零售业为例对促销活动进行分析：零售业的竞争涵盖的内容很广，不仅仅包括传统意义上的商品质量、商品品种、销售服务和商品价格，而且还包括信息搜集手段、信息传播手段和促销手段等。从前有着"酒香不怕巷子深"的说法，如今这种观念已跟不上时代的步伐，如果不懂得自我推销，不懂得利用营销策略，这种传统的销售模式必然会遭到打击。如今的销售行业遵循着"货好还须勤叫卖"的新观念，店铺仅仅有质优价廉的商品还远远不够，店主必须绞尽脑汁思考开展一切对自己有力的商品促销活动，唯有多变、创新才能够在市场中立足。所以，在当下这种市场状况中店主想要取得显著成果的方法就是不断改善营销、促销策略与方式，努力扩大商品销售。

对于店主而言，不同的促销目的需要选择不同的促销时机，这就如同收获果实，你想要得到什么样的果实（效果），你就要种什么样的树（活动）。这样才能够做到有的放矢，方向明确才能够让一切按照你的想法发展。

首先，当与同行业对手竞争时，促销时机则多可以考虑对方新店开业、周年庆等"非节日营销"，对方举办这些庆典，我方便可以进行促销，分享他们的客户，这属于隐形的竞争。当然要想在这样的促销活动中获得优势则必须尽可能多地掌握对方的信息，诸如活动时间、活动方式等，然后针对这些具体点拟定竞争策略，这叫作"知己知彼，百战不殆"。

其次，当你进行促销活动的目的更加侧重于"消化库存"时，那么促销时段可以考虑双休日或者夏季的晚间，这样的时间段中客流量比较大、消费时间相对集中，这些都对店铺的促销很有利。想要抓住这样的时机，最好能够拟定出促销活动的主题，列举出产品中较有特色的典型，起到吸引客户的作用。

再次，当店主举办促销活动是为了烘托店铺在节假日的营销气氛时，则可以抓住各大节假日或者双休日的时机，这样能够满足客户想在节假日外出购物的消费心理需求，同样也能够让一种喜庆热闹的气氛来感染客户。

抓住了促销的时机是做好促销的第一步，那么想要将促销做到十全十美还需要在哪些方面注意呢？以下几点可供参考：

其一，在促销造势上下功夫。

促销活动能够获得成功，除了与活动内容、客流量等因素有关外，还与促销活动的相关信息是否及时地传达到潜在客户的身边有很大关系。相关信息的传递是店铺与客户相互靠近的桥梁，在对活动进行宣传时可以将海报、条幅、传单、短信平台等工具充分地利用起来，用一切途径向目标客户广泛传播，这是引导其发生购买行为的基础。

当今的促销花样日益繁多，但是要想获得客户的认同仅仅在花样上努力还不够，更要考虑到客户的心理和根本需求。通常情况下，店铺在进行促销时可以将产品性质、独特之处、顾客购物习惯等因素相结合，糅合出最佳方式，争取创新取胜。

当然，任何一位做促销活动的店主都抱着提高销售额的心愿，所以店主必须在促销活动中对不同产品制定不同的促销策略，因物而异。总而言之，店主期待目标市场对促销活动所做出的反应便是其所希望实现的促销目标，举个简单的例子：商场中正在流行的鼓励购物获取优惠券、返金券等活动，这些券类凭证虽有优惠成分，但是最后还需要将返回的金额再消费在该商场中才有效，这就意味着通过这些优惠活动又实现了提高销售额的目的。

其二，店铺中必须存有适销对路的产品。

即使宣传的效果再好，活动布局再吸引人，但是如果客户光临后发现这里并没有自己所需要的产品，他们还是会失望而回的，这样一来反而对店铺的名声产生负面的影响，在下一次举办促销之类的活动时，消费者恐怕都不再愿意光临了。所以，店铺中的商品必须适销对路，这是销售业绩好的硬性前提。什么样的产品属于适销对路型呢？首先，它需要与当地消费者生活习惯相吻合；其次，它符合大众审美眼光，产品如果过于另类反而缩小了客户的群体，不利于销售。因此，店主要时刻牢记把产品更好地销售出去是促销的根本目的，关键词在"产品"二字身上，不合时宜的产品纵然是再低的价格恐怕都将无人问津。

其三，挑选一个良好的促销时机。

关于时机这一点，之所以会反复提及，正是因为它在促销活动中占据了不可低估的分量。选择一个好的促销大时机很重要，而那些促销小时机也不可忽视，将每一个小时机都充分利用起来你会发现它们能够发挥你意想不到的作用。那么什么样的时机算得上是小时机呢？比如，在某家新楼盘的发布会上举办家居、家电产品促销；在夏季中向散步的人们推销驱虫水；等等。

其四，要有出彩的促销方法。

好方法是促销获得成功的基础，促销常见的方法主要有打折、降价、买赠等类型，但是在具体操作过程中需要卖家根据实际情况来实施。因为有的时候，客户并不会因为这些"打折、促销"之类的字眼就动心，卖家需要找到尽可能多的方法来吸引他们。

满足客户口味的，就是最好的

促销活动所能够带来的效益被越来越多的商家所发现，这种收揽客户的方法在市场上也逐渐变得司空见惯，正是因为它的普及性才使得促销活动做起来越来越难。有时候即使所有准备都已经妥当，但是最后的促销结果却也难以让人满意，这样的情况被一些店家归结为"客户刁钻"之类的客观因素，实际上，这样的促销结果难道真的需要客户来负责吗？

店主不妨对客户的心理细细研究一番，站在客户的角度上来选择促销的方案，所谓"攻心为上"正是这个道理。以下我们不妨来分析一下客户的哪些心理可以被利用。

其一，利用客户的好奇心做促销。

人们对于未知的事物都会存在一种好奇心理，想要更进一步地探究它。所以，在古今中外的一些成功经营管理者为了获得客户的好奇心不惜花费重金、绞尽脑汁制定出匠心独具的经营策略，让客户的眼光在第一时间中被吸引。

国外有一家商场为了利用客户的好奇心理想出了一条妙计：设计者在橱

窗的玻璃板上打出很多小孔，外面的人能够通过这些小孔看到室内的情况，再将小孔周围的部分涂抹上其他颜色的燃料，小孔就显得更加突出。设计者在玻璃镜面上写了四个大字："不许偷看！"事实证明这确实是一个妙招，路过的人看到这些小孔和玻璃上的字都忍不住走近向室内窥测，结果纷纷被室内的景象所吸引，忍不住顺着通道走进店内。原来，设计者刻意将橱窗内布置得精美绝伦、新颖奇特，看过的人都对这样的景象和饰物难以拒绝，他们才会情不自禁地走进小店中。仅凭这些引发人们好奇心理的小孔，这家店铺便获得了顾客的口碑相传，很快地这家布置精美的小店一传十、十传百成为全城中的一颗明珠，很多市民闻讯特意赶来一窥究竟，当然，此家店铺的产品销售量也骤然激增。

其二，抓住客户讨巧求廉的心理，事先制订一个欲取先予的促销方案。

顾客在购买商品的时候往往货比三家，但是价格因素同样是他们最为重视的因素之一，这种追求物美价廉的心理普遍存在于客户中。因此，店主便可以巧妙利用这种讨巧求廉的心理。在促销中采用折扣价、跳楼价、零利润等销售策略来吸引客户，当顾客看到这样醒目的让利字眼便会对产品产生购买的欲望，门庭若市也是指日可待。

其三，利用客户的虚荣之心，在其挑选商品的时候投其所好。

虚荣心理在每个人身上都或多或少地存在，客户在购物的时候也会有虚荣心理。有的客户为了体现自己财产的丰富在购物的时候不会和店主进行讨价还价，这种不差钱的观念能够让店主获得更多的收益，当然，你要首先了解客户的喜好。比如当你发现客户对高档品牌的服装感兴趣时，你就可以顺水推舟地介绍品牌服装的优势，让他意识到购买品牌服装对他来说的重要意义，一方面能够彰显自己的品位，另一方面又能够获得别人的刮目相看。通过这样投其所好的介绍，客户便会在内心产生一种大大的满足感，更愿意接受这样的产品。一些有心的服装店主考虑到客户的这种心理需求，他们会特意设置一个名牌商品柜台和精品屋，这样对产品分类的方式能够吸引到不少的顾客。

其四，分析客户的求实求质心理，可以采用错觉促销策略。

"一分价钱一分货"，客户在消费的过程中大都讲求实惠，也就是说他们对产品的实际价格格外在乎。这样的心理也能够被店主加以利用，错觉效应是常用到的方法。当事人对外界事物产生不正确的知觉被称为错觉，但是在推销中"错觉"也可以被理解为转移注意力，自古便有"买椟还珠"之说，其含义是客户因为商品的外在包装太过华美而忽视了商品本身，最后居然只带走了包装而将商品退回。从这个典故可见产品包装设计方面的重要意义，一般来说，宽大的图形、浓重的色彩更容易让人们产生视觉的错感，这样的包装能够让产品在分量上显得愈发沉重。在对食品进行包装的时候圆柱形的包装则不及扁圆形的有分量感。

其五，一些客户在购物的时候会产生逆反心理，这也是可以被店主利用的。

客户在消费活动中难免会产生各种逆反表现，产生的原因各种各样，店主如果能够对这样的心理加以利用反而能够起到欲擒故纵的促销效果。

日本山田咖啡馆非常著名，这样的成绩与该店老板的巧妙经营密不可分，实际上在该咖啡馆成立之初生意并不好，但是老板却非常用心，他尝试了各种有利于店面发展的方法，后来他将重点转向对客户心理的研究上。

有一次，他去请教一位心理学家关于经营的策略，心理学家对他说：

"你有没有发现路边的广告泛滥成灾，但是真正迈进自己店中的客户却依然如旧？"他听后若有所思连忙追问原因何在，高速公路上车辆行驶的速度可谓是风驰电掣，又怎么会对这样的小广告牌留心呢？就算是留心了，这般的"乱花渐欲迷人眼"又该选择哪一家呢？他们只能被夺人眼球的事物所吸引。

正所谓："言者无意，听者有心。"该老板将心理学家的一番告诫记于心中，并突发灵感：他决定将自己的咖啡馆移到高速公路旁，将其外形设计成独特样式，将其基座朝上，顶尖朝下，室内装潢大多设计成倒置样子，比如说室内的花盆被粘贴在上方，制造成花朵向下绽开的独特景观。人们从未见过这么别致的建筑，纷纷被其所吸引，有的人不远千里赶来只为目睹这举世无双的咖啡厅一番。高速公路上的来往车辆也将其视为中途的驿站暂歇片刻，终于，从前门可罗雀的咖啡馆变得人满为患。

孙子兵法曾经提出过："谋定而后动，知止而有得"，当今社会中市场竞争日益激烈，各种店主为了吸引客户的眼光绞尽脑汁凸显自己的优势，各种各样的促销方式被客户们司空见惯，他们也会产生审美疲劳。传统的折扣、赠礼与人海战术都不足以满足当今客户的口味，所以越来越多的店主发现优惠已不能再被视为促销内容的全部了。

名正，才能言顺

想要在当今的市场中做出一个令客户和店主都满意的促销活动，首先必须有一个良好的促销时机，当然优惠的内容是不可缺少的，除此之外还需要加入一些新鲜"血液"增添促销活动的活力，这些点睛之笔需要充满新颖性、趣味性。促销前的准备工作不可小觑，这些灵巧之处恰是让促销显得标新立异的关键因素。另外，店主需要将客户、零售商、批发商等之间的关系处理妥当，在降低成本的情况下实现产品促销。

首先需要明确，凡事都是事出有因，打折优惠也需要一个合理的理由，不妨为自己的促销活动制定一个响亮的口号和标题，让人一下子能够记住。在设计促销方案的过程中，一些人将重点放在对产品体系的熟练和团队运作的协调上，但是对于活动的宣传范围却马马虎虎。他们认为活动的主题仅仅能够起到口号的作用，大可不必费尽心思去斟酌，他们认为真正能够促进销售成功的是活动的力度和员工在现场的执行力。甚至有的店铺每次在做产品促销活动的时候都使用同样的一条主题标语，诸如"艳阳三月，实惠共享"、"夏日激情，倾情特惠"等字样，毫无新意。

实际上，认为"促销活动的主题不重要"并非正确的观点，举个简单的例子，人们在写文章的时候从内容上看起来通常是大同小异，但还是有一些能够脱颖而出，这正是因为作者能够选择一个好的标题来吸引读者的眼光。同理可知，一次促销活动成败与否，在很大程度上也是由其所选的主题所决定的。在确定促销主题的时候，设计者不能仅仅要求其响亮易记，更需要为消费者提出一个消费的合理理由，否则不免会有客户会认为这些促销主题不过是文字游戏而已，并不能投入一种信任之情。

之所以要在促销主题中透露出打折优惠的目的，一方面是为了呼应促销活动的举办，另一方面也能够在一定程度上消除客户心中的疑虑（无缘无故为何降价？一些人会认为其中可能有"文章"，而对促销活动望而却步）。如今的促销活动花样繁多，其真假性质也难以分辨，一些不法商贩甚至打着"促销降价"的幌子来欺骗消费者，这种谋取私利、损人利己的行为使得很多客户深受其害，以至于他们对促销活动感到厌恶。遭遇过商家欺骗的消费者每逢其他商家做促销活动时也会认为这不过是"便宜无好货"的说辞而已，他们更相信"天上不会掉馅饼"，这些认知都不利于促销活动的展开。

对于商家所做出的促销宣传，一些客户或持一种偏激的态度来看待，他们会彼此会意"商家不会白白给实惠"，这些质疑都说明在客户心中是很想弄清楚促销活动原因何在，并迫切想了解这样的打折促销是否是虚假性质的。他们当然希望对消费者有利的这些活动是真的，但是还是在等待一个能够说服他们进行购买的理由。

由此可见"名正，才能言顺"，商家必须为自己的促销活动给出一个合理的理由，唯有如此才能够获得客户的认可。这个理由通常可以糅合在促销主题中。如果店主在设计促销主题是没有提及打折降价的理由，很有可能会让客户感到这仅仅是一个"饵"而已。所以，设计者在制定促销主题的时候千万不要让其变成纯粹吸引眼球的摆设，务实的内容是不可或缺的，主题上的每一个字都要经过细细思考。

抓住"换季"时机

换季时节是产品促销的良好机会，店主为了将库存货物一售而光可以采取低价甩货的方式。然而，因为是低价甩货，店主所获利润甚微，加上换季时节，客户对产品的需求量不高，这样一来即使产品能够被销售完，这些被换来的流动资金中却也没有多少分量的利润，甚至有的店家为了避免库存的压力而采取折本买卖。那么，是否有一种方法既能够将旧货库存很好地销售完，同时也能够保证从中大赚一笔呢？

我们可以以服装行业为例来进行分析。服装销售具有很强的季节性特点，这是众所周知的，每一位店主都希望在迎来下一个季节之前就将上一季节的服装全部销售完，否则一旦造成货物积压反而不易再售出。那么，如何将换季的销售工作做好呢，这里有几点需要注意的问题：

其一，将上一季度的产品销售情况作为下一季度销售时机的重要参考。

如果上一季度的产品卖出速度较高，超出了预期的效果，那么店主可以考虑提前换季，起到换季产品的领跑作用。倘若上一季度的产品卖出速度较低，存在一些产品的积压，那么店主最好不要考虑提前换季，最为稳妥的是按照原定的销售计划来进行。

其二，需要根据下一季度新产品的准备情况来决定。

倘若供货商无法在约定的期限中将货物全部送达，那么这也会对换季工作造成影响。

其三，需要根据店中货物的周转效率来决定。

如果店中产品的周转率较低，则可提前进行换季工作的安排；如果店中产品的周转率很高，也可以将换季工作向后推迟。此外，将产品进行融合，也就是将周转率较低的产品糅合到周转率较高的产品中，将最后销售的机会把握住。

其四，需要考虑气候的变化情况。

产品换季往往发生在季节更替、气候变化的情况下，这时的气候令人难以捉摸，如果能够有较大幅度的变化，那么下一季度的产品应当马上上市，上一季度的服饰因为时令已过也将会进入惨淡期。

店主在产品换季之前需要做充足的准备工作，比如说将服装店产品的容纳量进行统计，将卖场展示量和总库存量进行统计，对各个分设店面的产品进行组合计划，确定下一季节产品的风格和销售主题等。

从以上内容中我们了解了产品换季的注意事项，接下来对产品换季的处理工作的一些技巧进行分析：

仍旧以服装的销售为例，服装属于季节性较为显著的产品，其更新换代的速度较快，因此不少店主常为积压的库存犯愁，新一季节的产品必须上架，但上一季节的产品还没有销售完，不得不积压下来，一年四季如此累积会使得店主有所亏损。毕竟如果不能将这些积压的货物及时销售出去，时间一再拖延产品会陷入跌价的怪圈中，最终变得一文不值。那么，店主面对不断增加的换季产品应当如何处理呢?

其一,店主可以使用特价销售的方法。

客观来说,很少有服装店铺能够创造零库存的纪录,因此只要能够将库存减少,店主则需要采取多种方法进行尝试。一般来说,只要能够掌握好促销的节奏,在适当的时间中举办一些特卖活动能够让产品在短时间中得到迅速的出售。常见的方法有团购、VIP 惠售、发行优惠券、时间段抢购、节假日促销等,这样的促销方法较为温和,既不会损害店主的形象和声誉,又不会对供应商和批发商造成负面影响,同时还能够获得良好的销售业绩,有望实现薄利多销。

其二,店主需要与批发商及时联系进行调货。

在与批发商持续换货时,店主可以坚持"少量多款"的原则,比如说从进货商那里进来的货物在三天之后无人询问,或者是在五日之内没有任何出售,店主需要及时更换策略,与批发商联系进行调货。可以更换成其他款式和不同颜色的产品。当今的服装销售市场上存在着非常激烈的竞争,批发商们为了与店主保持良好的合作关系,一般情况下都会允许店主在特定的期限中进行产品调换,毕竟如果批发商不予调换产品,店主与之继续合作的概率将会降低。

其三,遇到淡季时,可以经营多种产品。

在服装市场中有一个公认的销售法则:宁可亏欠钱,不可积压货。货物积压带来的风险要远远高于一时的亏本。将货物甩卖出去保住本金还可以坚持两三个月,旺季一来便有翻身的时候。所以,店主们为了防止货物积压,在换季即将来临的时候便会停进该季节的货物,而是转身投资一些旺季的产品,也可以尝试着经营多种其他产品。比如说,将一些没有时令之别的小饰品（耳环、项链、手链、脚链等）、小皮包（卡通包、帆布包等）摆放到显眼的位置上进行销售。永远不要小看这些不起眼的小货物，它们在换季时间中担任着店铺内桥梁过渡的作用，它们虽然貌不惊人，但是单个的商品利润却是不可低估的。

其四，寻找一切能够使用的途径实现销售。

面对一些无法消化的库存，仅仅使用传统的销售渠道难以达成销售的目的，这时候可以考虑采用一些独特的创新手段来实现促销，在拟订促销方案的时候务必考虑目标消费群体的利益，坚持以客户为主的销售服务模式，不可以为了实现货物的促销而侵害消费者的权利。另外，现在市场上出现一类专业收购库存产品的公司，他们能够为店主提供特定的销售专场，合力将积压的货物出售出去，店主在遭遇货物积压的时候可以考虑同这类的公司进行合作。

小孙在武汉有一家服装专卖店，因为换季时节到来，他的仓库中积压了数百套款式过时的运动服饰，这些服装花费了小孙大量的成本，关键时刻小孙开始考虑出售商品的办法。在经过一番思考后他决定"对口出售"，小孙联系到一个在体育局工作的熟人，从中探听出多所学校体育协会的联系方式，经过电话联系他掌握了各校体育系负责设备管理的老师，小孙开始了精心准备的推销谈判。一番周折后终于达成合作的协议，他以7折的优惠价格将运动服出售给学校。很快地，小孙在最快的时间中将积压的货物出售出去了。

其五，出现库存积压，店主可以在广告上下功夫。

投入广告、扩大宣传能够让店铺的知名度得到提升，这是毋庸置疑的，在市场运作中很多广告能够获得供应商在不同程度上的支持，一些媒体也同意用店主的货物来充当广告费用，这样有利于店主日后的经营顺利进行，其实质是相当于店主用未来的利益与眼前的利益相交换。

换季商品出现货物积压在店主的日常经营中是难以避免的一种常态，遇到这样的现实问题，店主一定要沉着冷静，万不可以有"任由其积压"的心理，在处理换季商品的时候要以"快、狠、准"为原则。

所谓"快"，就在处理换季商品时要迅速，不可瞻前顾后，毕竟对于即将过时的产品来说它也是有着市场保质期的，时间就是效益和金钱，否则一旦拖延了时间，当其他的商家反应过来奋起直追的时候，你的促销良机便要被别人一同分享了，甚至有可能会尝不到任何甜头。

所谓"狠"，就是在产品促销打折的时候要果断，敢于将产品的价格降下来，比如说，平时旺季价值 30 元钱的商品，别人愿意降价到二十几块时，你要敢于将它降到 10 块 8 块，尽管是赔本出售，但是这些赔本与产品积压相比要好得多。大幅的降价也能够让客户意识到你是真的在清库存，有真正的便宜可以讨，他们自然是乐意掏腰包的。

所谓"准"，就是指店主在推行促销策略的时候为产品找准一个明确的定位。价格定位首先要明确，因为客户能否会发生购买行为在很大程度上会考虑产品的价格情况，如果产品具有明确的价格优势那么会更容易引起客户的购买兴趣。另外，店主在促销活动中对自己的目标客户群也应当有一定的针对性，要明白自己的商品更适合于哪种客户群体，这样能够"对症下药"，故而销售过程也能够事半功倍。

第十章
销售有"度"，过犹不及

过犹不及，事情做得过头，如同做得不够，二者都是不合适的。销售也是这样，只追求眼前的蝇头小利，而忽视长远的发展，不理智；只想着说自己想说的，忘了倾听对方的心声，不明智；对规则过分拘泥，从不懂得变通，不机智……所以，把握好销售的"度"，才能让客户感受到你的诚心、热心与舒心，这才是金牌销售该有的诚意。

将眼光放长远一些

在销售的过程中，由于买卖双方只关心自己的利益而导致生意失败的案例数不胜数。这其中不乏一些鼠目寸光的销售人员，他们只看重眼前的利益而忽视长远的发展。这类人是销售中最容易失败的群体。

作为一名销售人员，你一定要把眼光放得长远一些，学会着眼于未来，即使暂时失去眼前的利益，你也不要太在意，因为将来的回报会是现在丢失的许多倍。

有一位商人，他和一家转销农产品的公司就大蒜生意进行谈判。在第一轮谈判中，农产品公司报价每吨大蒜 2500 元，而商人只肯出每吨 2300 元的价格。很显然，双方在价格的原则上还是有一些差距的。

三天之后，双方再一次坐到了谈判桌前，由于大蒜的收获期马上就要到了，如果不马上找到买家，错过了收购时期，不仅质量和数量会有所下降，而且连收购的价格都要下跌。农产品公司在衡量之后愿意以 2350 元的价格成交，但是商人又出了一手"怪招"。他对农产品公司的销售人员说："我祖籍是河北的，说心里话，这批大蒜每吨卖2350元你们也有点亏，不如这样，我们来交个朋友，我每吨多给你们加15元。"

商人的这一"怪招"让农产品公司销售人员十分惊讶，在正式签署协议之后，农产品公司的销售人员问他："本来价格已经谈好，为什么您还要加价呢？"

商人说："虽然每吨的价格加了一些，但是我们日后还是要长期合作的嘛，这样我加15元能够给你们一个好印象，这是多超值的一件事情啊。在我们那里，有些同行斤斤计较，这样最容易引起我们的反感，在日后的合作中我们也不会对他有什么优惠，这样一来虽然生意做成了，但是却并不愉快，他们虽然从表面看是获得了利益，但是从实际上来看却亏了很多呀！"

农产品公司的销售人员听后对他竖起了大拇指说："您的见解就是不一样，我们以后要向您学习。"

一个成功的谈判战略，往往是通过对某种旧的传统观念的铲除而建立的。而上面的故事也证明了：在谈判的过程中，谈判者不仅要有娴熟的议价技巧，更要有纵观全局、不计较一城一池得失的战略眼光才行。

做销售谈生意都是为了赢利，在销售中损失点利益，但是最终的目的还是获利。只不过把利益的回报期延长了一些，不会因小失大。因此，销售人员在谈判的过程中一定要把眼光放长远一些，不要因为蝇头小利而丧失真正的利益。

随着市场经济不断地发展，国内的销售竞争也越来越激烈，谁能先占领客户群，谁也就拥有了市场的主动权。在这种氛围之下，人们也自然而然地生出了"顾客是上帝"的观念。因此，客户一旦选择了你，也就说明把信任交给了你。如果你表里不一，辜负顾客的信任，为了一点点小利而损害客户的利益，还有谁会对你产生信任呢？

在轩辕女士结婚 15 周年的纪念日即将到来之际，轩辕女士想和自己的丈夫趁此机会一起去昆明旅游，在经过一番精挑细选之后，他们在十几家旅行社中挑选了一家最满意的预订了行程。轩辕女士一心向往着有一次愉快的旅程，谁知事与愿违，他们在第一天到达昆明之后就被导游告知，由于标准间的客房安排满了，所以他们夫妇只能住在洗浴中心的桑拿房。轩辕女士对此十分不满，但是他们连夜赶路已经疲惫不堪，再加上导游小姐满脸歉意，所以也就勉强同意了。但是让他们彻底无法忍受的是洗浴中心的条件实在是太差了，地面脏乱不说，连床上的被褥都发出难闻的味道。

本想借着度假来重温恋爱时的温馨与浪漫，谁想碰到的却是恶心和肮脏，原本愉快的旅行立刻大打折扣。于是，气愤的轩辕女士立刻与旅行团的负责人联系，双方僵持到凌晨 2 点多，旅行团答应赔偿轩辕女士一些费用，但是还是没有办法解决他们的住宿问题。无奈之下的轩辕女士只好回到了桑拿房，在难闻的气味和脏乱的环境中度过了自己的这次旅程。

出门旅行，图的就是一个愉快舒心，但是这家旅行团却没有按合同上的规定来给客户提供优质的服务。差价虽然可以补上，但是失去的信誉却是千金难换的。因此，无论是企业的老板还是销售人员，要想在激烈的竞争中获得一席之地，首先就要对得起自己的良心，不要为了一点小利益而给客户留下一个坏印象，这样只会得不偿失。

要想不被蝇头小利所诱惑，你要做好以下几点：

1.把客户当亲人

要想诚心诚意地对待客户，就要和客户形成亲人之间特有的那种亲密感。正是这种亲人之间毫无保留的信任才能使客户对商家持有一种放心的态度。一旦销售人员在业务之外有什么需要客户的帮助的，那么客户肯定也会乐于帮助你的，即使客户对你有什么不满之处，也会给予你相应的理解。

2.把客户当朋友

真正的友情是不会被利益所撼动的。因此，在友谊的基础上建立的生意才会更稳定、更持久。

3.把客户当合伙人

推荐营销是时下最流行的一种营销理念，即让客户为你做宣传，从而带来更多的客户。所以，你不妨从心底把每位客户都当成你的合伙人，他的利益就是你的利益，你的利益也会被当成他的利益，你善待客户，客户也会善待你，因为你们的目的都是一样的，那就是——双赢。

总而言之，销售人员一定不能因为蝇头小利而损害客户的利益，记住，细水长流才是销售的王道。

不能说得太多，听得太少

很多销售人员在与客户进行交流的时候更加偏重于对产品的介绍，他们滔滔不绝地讲解着自己产品的优势，却忘记了对客户进行聆听，即使客户产生了想购买的念头，销售人员也无法及时察觉。一个聪明的销售人员不但需要有伶俐的口齿，更要善于捕捉客户的购买意愿，哪怕仅仅是一瞬间的购买意愿只要能够在第一时间察觉并对客户进行鼓励，那么达成交易是完全有可能的。客户的购买信号会在他对产品的关注程度、语言神态上都有所体现。

张静在一家公司做销售员，该公司在两个月前研制出一种新型产品，这样的产品在性能上较以前的产品更具优势，初定的价格也较为适中。销售部经理将新型产品的推销重任交付给张静。经过一番与新老客户的联系，有几个大客户对这样的产品都表现出较高的兴趣。

其中有一家大公司的采购经理似乎对新产品更显青睐，他为张静留出了两个小时的商谈时间，双方在交流过程中也很愉快。张静虽然意识到客户的购买欲望，但是她却并没有及时向对方索要订单，她觉得对方反正是有了购买的欲望，既然客户想要多接触几次来透彻了解新产品的一些情况也未尝不可。

接下来，张静又同客户进行了几次接触，其间按照客户的需求将新产品的各种情况都解释得一清二楚，对方并没有异议，张静觉得签单已经是十拿九稳了。可是，令张静意想不到的是，到了预约的签单时间后，客户提前致电过来取消了签单。张静为此深感懊悔，她这才意识到因为自己的拖延已经将最佳的签单时间错过了。

一个优秀的推销员要学会适时推销，适时成交。在与客户的交流中，客户对产品逐渐有了明确的认识，言谈神色之中能够透露出他是否已经到了成交的心理时机。但销售者发现客户的顾虑已经消除，开始产生购买意愿时，一定要不失时机抓紧推销，毕竟人的念头是稍纵即逝的，错过了良机，客户也有可能改变主意。

王敏是某家化妆品公司的推销员，该公司的产品颇受客户欢迎，与客户的商谈效果也一直不错。有一次，王敏去拜访一位客户，顾客虽有听闻过其产品的大名，但是也想对此有个全面的了解，于是对王敏问道："你们的产品对过敏性皮肤会不会有影响呢？我的皮肤很敏感、使用化妆品常会有反应。"

实际上，客户能够提出这样的问题，便足以说明在她心中是渴望有一种化妆品能够适合她，她也会毫不犹豫地购买，推销人员应当结合客户的具体情况来分析自己产品的优势，鼓励客户发生购买行为。但是王敏却对客户开始讲起产品的发展史、其他客户的好评以及在使用效果等方面的优势，对于客户个体的需求却全然忽视。整整15分钟的讲解，客户没有一次插嘴询问的机会，而对于客户神色中流露出的不悦，王敏却没有察觉，20分钟后，客户终于忍无可忍，甩给王敏一句："我要忙了，您请自便吧。"

王敏为什么没有和客户达成交易呢？通常情况下，客户已经给了见面的机会，这就是她有心成交的表现。这时候王敏所需要做的仅仅是简单介绍便可，只可惜她絮叨地说个不停，反而引起了客户的反感，大好的交易时机就这样被白白浪费了。

作为一个销售者一定要擅于破译客户的购买信号，只有抓住对方的购买心理进行推销，成功的概率才会大大提升。通常情况下客户不愿意将自己的购买信号过于明显地表露出来，他们更喜欢打迂回战，所以，这需要销售者对客户进行观察和摸索才行。那么，当客户表现出哪些特点的时候就表示他已经开始对产品心动了呢？以下便对此作简要分析：

其一，语言特点

对产品不感兴趣的客户是没有发言欲望的，如果一个客户开始对你的产品进行滔滔不绝的评价，说明他对这样的产品产生了兴趣。如果客户突然转向周围的朋友问道："你觉得怎么样？可不可以呢？"这时表明客户已经动心，他开始在寻找认同者了。如果在一番评论或"挑刺"之后，客户开始同销售者进行杀价，说明他已经在做最后的选择了。如果客户向销售者问及商品的一些具体情况（比如说品质保证期、商品的市场反映等）则表明对方即将购买。这时候销售者可以再添一把火，鼓励消费者。

其二，行为特征

如果销售者发现在自己的介绍中客户的目光不是注视着自己，而是盯向产品，并且对销售者语言的细节非常敏感，则表示他对这样的产品是有兴趣的。如果客户主动靠近销售者，则表示他喜欢听你的介绍，渴望你做更详细的解说。如果客户默默静听，一副思考的模样，则表示他已经开始考虑购买产品了，销售者不要急于打断客户思路，静候片刻为妙。

有时候客户表现出了这些特点，销售者却一时之间拿捏不准，想要进行试探，可又担心试探不成反而让客户改变了购买的心思，那么销售者如何来试探成交的机会呢？

其一，用选择法进行试探。当销售者发现客户处于犹豫不决的情况下，可以主动上前为其提供两种或多种销售方案，任由其选择。这样就将客户飘浮不定的思绪控制在一定的范畴之中，对方也会将自己关注的重点转向商品的质量、数量、材料等方向上，而不再是"买与不买"的选择上。

其二，用直接提示的方法。当销售者发现了客户的兴趣所在，便可以不失时机地提示成交，可以先将一个诱导性的问题提出，让顾客做出尽快成交的回应。

其三，用"是"来引导客户，促使其购买产品。销售者可以设计一连串对客户的提问，保证其最后得到的回答都是肯定的，如此一来，面对一切都妥当的安排，消费者便没有了推辞的借口。

试探成交的方法有很多，销售者要根据不同客户的特点来选择试探方法，避免让客户心生反感。

莫要抱着死规则不放

销售人员最怕的就是思维僵化，被条条框框所束缚，做事只会按照特定的流程和模式来，不敢放开手脚，被客户所轻视。

回想一下，你在以往的销售业务中，你的办事方式和做成的那几笔业务是否或多或少都受到了一些传统的影响呢？答案是肯定的，即使你不承认或者根本没感觉到。因为，当一个人处处按照传统来办事时，你就已经把传统的规则升华为了你的办事原则。即使你是一个日日自省的人，也不会去怀疑自己的办事原则，因为你是在你的办事原则下去反省你做的其他事的。

销售员崔生强和秦志被同时指派到同一地区销售皮鞋，但是他们所属的公司不同。当他们俩到达该地区的时候，他们发现当地人都是赤脚走路，没有穿鞋的习惯，于是崔生强直接打电话回总部，如实报告了这一情况，随后便打道回府了。但是秦志却没有这么做，他告诉总部说该地区有很广阔的市场，因为到目前为止还没有居民穿鞋，他还表示自己愿意留下来开发新的市场。而秦志经过一段时间的努力，成功占领了该地区的皮鞋市场，上司给了他很丰厚的奖励。

这个故事告诉我们，销售人员在面对市场和客户的时候一定要学会随机应变，在变通中求创新，要学会不断挖掘潜在客户，通过市场表面来抓住无限的商机，只有抱着这样的心态才能抓住市场的机遇。现如今，市场是买家的天下，传统的销售模式已经不能适应现代的需求，特别是在面对庞大而复杂的采购流程时，如果销售人员还按照传统的销售模式是根本比不过竞争对手的。

现在很多销售人员都把目光集中在销售过程中，他们对客户购买的过程缺乏重视。其实这是非常错误的做法，最有效的销售方式是应先了解客户购买产品的原因、用途以及购买过程。

销售人员要想顺利地把产品推销出去，就应该主动去了解决策者和使用者以及资深专家们的建议，只有深入了解客户的心理需求才能制定出最合适的销售策略。而这种从买家角度出发的销售策略将是带领销售者走出销售迷宫的最佳导航。

张志平被人们称为南京的"芦蒿大王"，他就是依靠自己的创新思维来获得成功的。南京八卦洲的芦蒿早已声名在外，然而当人工种植的芦蒿出现在市场上时，价格已经跌至2元钱一斤了。有一次，张志平到朋友家做客，他发现遍地的芦蒿非但没让乡亲们高兴，反而让他们一筹莫展，因为这种芦蒿的销量太窄，而且价格极低，再加上其他一些费用，根本就是在做赔本生意。

张志平敏感地意识到这是一个绝好的机会，于是他展开了市场调查，通过朋友的介绍，他知道高档的餐饮业还没有引进这种蔬菜，于是他决定做精包装芦蒿的生意。

为吸引高档餐饮业的注意，张志平特意请南京农业大学食品科技学院的教授对芦蒿的营养价值进行测试。测试表明，芦蒿每百克嫩茎就含有蛋白质3.6克、灰分1.5克、钙730毫克、磷10.2毫克、铁2.9毫克、胡萝卜素1.4毫克、维生素C49毫克、天门冬氨酸20.4毫克、谷氨酸34.3毫克、赖氨酸0.97毫克。并含有丰富的微量元素和酸性洗涤纤维等对人体有益的矿物质。有了这些证明，张志平信心十足的从芦蒿种植户中收购新鲜的芦蒿，并不断宣传芦蒿的药用价值，而后通过自己的销售渠道销往各大宾馆、酒店。就这样，南京兴起了一阵"芦蒿热"，大家对这种绿色健康的食品十分喜爱，香干炒芦蒿、臭干炒芦蒿等菜品进入了各大饭店的菜单当中。

芦蒿精包装的生意让张志平获得了不少利润，但是好景不长，2002年，芦蒿的价格突然大跌，从过去的2元一斤一路跌到1角一斤，这样一来，张志平收购的芦蒿越多，他亏损得也就越严重。当亏损额高达50万元临界点的时候，张志平彻底绝望了，他对芦蒿失去了信心。

沉浸在绝望中的张志平整日在村中踱来踱去，有一天，他走路的时候不小心被什么东西绊了一下，低头一看，原来是一根风干的芦蒿。这突然激发了他的灵感，他想，既然新鲜的芦蒿不值钱，那加工成干货呢？经过试验，张志平认为他的这种想法是完全行得通的。于是，他通过特殊的工艺和配方，将以往应节销售的便宜鲜芦蒿转变为了四季供应的精制高价位芦蒿干。而这种经过风干、晒干后的芦蒿味道更为鲜美，无论是煮着吃还是炒着吃或者煲汤喝都别有一番滋味，而且韧性更强、更有嚼劲。

经过张志平不断的推广，这种干芦蒿在市场上迅速走红，甚至远销日本、韩国、欧洲等地。

张志平的事迹值得广大销售人员学习，无论你从事的是哪一行业的销售人员，都要拥有一颗求变的心，特别是一些销售管理人员。有这么一句话："换一个角度，海阔天空。"无论是在业务上还是在日常生活中，销售人员在遇到困难和问题时不妨转变一种思路来考虑问题，这个办法行不通就想另一种办法，总会有一种办法是有效的。

　　记住，一个成功的人绝对不是随波逐流之辈，也绝对不是一个不敢向传统挑战、不敢坚持自己的信仰和理想之人。

　　销售人员需要创新，销售界需要创新。只有不断创造新的东西，才能真正打破传统的枷锁，才能获得销售的成功。

客观评价自己的产品

有的销售人员为了达到推销的目的，往往会口若悬河地吹嘘自己的产品多么多么好，比其他竞争产品好多少倍，把自己的产品都夸到天上去了，殊不知夸张的吹嘘只会让客户对你产生反感。

在客户面前一味吹嘘自己的产品只能做一个失败的推销员，因为吹嘘人人都会，客户并不会因为你的几句吹嘘就购买你的产品。对于你不知道或者不确定的事情，一定不要打包票，因为这是一种自欺欺人的行为。如果你对客户说一些产品本身并没有的功能，那么客户在日后使用产品的过程中终究会清楚你的话是真是假，如果因为图一时的销售业绩就夸大产品的功能和价值，那么势必会为以后的销售埋下一颗"定时炸弹"，一旦产生纠纷，会给你带来无尽的麻烦。

李凯敏请自己的几位同学去吃意大利菜，餐厅的服务生个个笑容可掬，十分热情，服务也十分周到。

因为刚刚吃过早餐，所以大家都不是很饿，于是决定直接点主菜。负责帮他们点菜的服务生热情地说："要不要先来个开胃甜点呢？我们这儿的沙拉、橄榄和蒜香面包做得都不错！"李凯敏说大家刚吃过早餐不是很饿所以直接点主菜就可以。于是他们一边喝饮料一边等着上菜，等菜上完之后服务生又说："几位要不要再添一些饮料？"

在主菜过后，这位服务生又来问："您需要不需要一些甜点和咖啡？我们这的甜点和咖啡非常好……"

此时，李凯敏和朋友们已经有些反感了，但碍于服务生的热情推荐，只好点了一些咖啡和甜点。而品尝过后，他们大失所望。服务生一而再再而三的推销让他们没有办法好好说话，而介绍的优点又完全与菜品相去甚远，这让李凯敏一行人不胜其烦的同时又非常失望。无奈之下，他们只好草草地结账离开，并打算再也不来这家餐厅了。

任何一个产品，都存在着好的一面和不好的一面，作为销售人员，你应该站在客观的角度来看待自己的产品，仔细地帮助客户分析产品的优劣势，帮助客户"货比三家"。你知道多少，就说多少，不要不断地夸赞自己的产品。

没人要求你是一本大百科全书，也没人要求你的产品好到无可比拟。假如你说了太多产品不具备的优势，当客户购买、使用过后问起，你无言以对，那么这相当于是你给自己的产品"挖了坑"。即使是全世界最博学的人，也会有不知道的事情，即使全世界最优秀的产品，也会有不足之处。所以，坦白地承认你对某些事的无知，坦白你推销的产品的某些缺点，绝对不是一种耻辱。相反，客户会觉得你诚实、不虚伪，会对你产生好感，从而增加购买的概率，产生购买欲，而此时，你离生意成功也就不远了。

强销轰炸是在赶跑客户

当今社会往往会有这样一种情况，一些成功人士往往会接到许多"骚扰电话"，他们一接到这样的电话就会皱起眉头，因为对方多是推销产品，这种不分场合、不分时间的推销方式是最被人们所讨厌的。而且这种强行推销的方式其实是在赶跑客户。

原一平被人们称为日本推销之神，在他 50 余年的保险生涯中他从不勉强任何客户投保，而这也是他最欣赏自己的地方。在谈到自己的这一点时，原一平讲了这么一个故事。

有一次，我的一位客户问我："原一平先生，我们交往的时间已经不短了，您也给了我很多帮助，可是我一直不明白，您是做保险业务的，可是为什么我从来不曾听您向我介绍您推销的保险业务的详细内容，这是为什么呢？"

"这个问题嘛……"

"您为什么吞吞吐吐的？难道您对您的推销业绩并不关心吗？"

"这怎么可能，我就是为了做好我的本职工作才来经常拜访您啊！"

"那您为什么从来不向我介绍保险的详细内容呢？"

"坦白告诉您吧，其实我最讨厌强人所难，所以我一向让客户自己决定什么时候投保，从保险的宗旨和观念上讲，硬逼着别人投保是错误的。再说，我认为真正的好保险是会吸引客户主动投保的，所以，我没有感受到您的迫切需要，所以我也不好意思强行向您推销保险了。"

"嘿，您的想法可真特别，和其他的销售人员一点也不一样。"

"所以我对每一位客户都会连续不断地拜访，直到客户觉得自己需要投保为止。"

"那我觉得我应该投保了……"

"先别着急，在投保前还要做一个身体检查，在身体检查通过之后我们才可以进行合作，不过我有义务向您说明这份保险的具体内容，而您也可以询问我任何关于保险的问题。所以，请您先去做体检吧！"

"好的，我这就去体检。"

这就是原一平成功的秘诀——从不强迫客户购买自己的产品。而有的销售人员总是会忽视这一点，他们总是会用种种办法软磨硬泡地让客户购买产品，最后让客户不厌其烦地打发走，即使顾客勉强购买，也会留下许多中途解约的后遗症。这是很得不偿失的。销售人员应该设法使准客户对你想推销的产品有一个正确的认识，在这之后再诱导他们自发前来购买，这才是推销的正确做法。

现在有很多商业繁华区的专卖店就存在着强行推销的情况，当客户进入店中时蜂拥而上的销售人员会把本有心仔细逛一逛的客户吓跑。客户一进门，销售人员就面临着该不该向客户打招呼、在什么时候打招呼、用什么方式打招呼的问题。千万不要强行拉着客户推销，否则只能赶跑客户。为了避免强行推销，销售人员应该注意以下几点。

1.分析客户不同的目的

不同的客户有不同的目的，有的客户专程来购买你的产品，有的是来看一看你这里有没有某产品。对于这两类客户，销售人员都应该主动迎上去打招呼。还有一些来随便闲逛的客户，他们是抱着有合适的就买，没有合适的就不买的心理。对于这种客户，销售人员只需要礼貌地微笑说一声"欢迎光临"即可，不要热情地冲上去给客户介绍，因为这样反而会使客户觉得不自在。热情是优质服务的一种，但热情并不等同于优质服务。不恰当的优质服务反而会造成"笑脸驱赶"。

2.掌握合适的时间

选择合适的时间给客户打招呼是一门学问，招呼打早了，客户会尴尬，招呼打得晚了，则会怠慢客户。有的商场就有固定的条例，销售人员应该什么时候主动向客户打招呼都有明文规定。例如，当客户在柜台旁停留超过20秒时销售人员应主动打招呼；当客户在店铺中寻找产品时应主动打招呼；当客户触摸产品时，销售人员应主动打招呼；当客户之间互相议论产品时，销售人员应该主动打招呼。这些都是与客户打招呼的良好时机，而具体的时间，还要销售人员自己把握，可以请教一些较为有经验的老销售，他们会十分乐意给你提供帮助的。

3.运用得体的打招呼方式

大多数销售人员在向客户打招呼时都有固定的句式，比如"您要干什么"、"您要什么"、"您要买什么"、"您要看点什么"，在上述问话中，第一种是十分不礼貌的，客户听了会莫名其妙；而第二种有一些谦卑和太过恭敬，也不合适；第三种则一下子把双方推到了买卖关系中，会使客户对销售人员产生戒备；只有第四种问话比较合适：一是您要看点什么，我就给您拿什么，尊重客户；二是让客户"看"并不是"买"，虽然只是一字之差但是会对客户的心理产生不一样的影响，当客户"看"时并没有什么心理负担，如果是"买"，客户就会觉得看了就一定要买，产生一定的心理压力。

第十一章
投入新型营销模式

如果你的推销模式还仅限于"面对面"或"电话"的传统营销，那么你落伍了。具有投入小、传播快、影响大等优点的新型营销模式已经成为销售界的"新宠"。如同越来越便捷的现代生活，营销模式也逐渐向着轻松、快捷、高效的方向发展。根据所售商品，制定与商品匹配的新型营销模式，你的商品推广极有可能实现难以想象的飞跃。

低成本，高效率——网络营销

在如今的社会中，网络营销已经变得较为普及，我们都知道网络是一个巨大的人际关系链，如果将网络和生意相结合，则商家必然能够从中获得大量的潜在客户资源，让自己的生意打开另一扇大门。关于网络营销以下的几个技巧可以借鉴：

其一，让潜在客户的数据库逐渐变强大。

现在互联网上网站如林，但是很多人在观看网站时仅仅停留在浏览的层面上，并不会深度地挖掘，这些人当中其实存在着相当多的潜在客户，如果商家能够将这些浏览者变成实际的购买者，那么自己的客户资源便得到了充实。倘若商家能够想办法获得客户的认同，他们便会对你产生信任，求得继续合作的机会便有希望。

其二，让网络聚集客户的评价，扩大自身产品的影响力。

人们都有一种从众心理，当一个产品卖得越火的时候，人们便会蜂拥而至想要对它有更深的了解，网络上对产品的评价能够让更多的"网上客户"看到，他们出于好奇心也会对产品进行关注。所以，其他购买过产品的消费者所给产品的评价对商家来说是至关重要的，评价的人越多产品销售的概率就越大。

其三，让更多的客户进行二次购买或多次购买，商家要善用技巧。

技巧一：使用优惠券。想要让新客户变成老客户，想要让客户对自己的产品进行口碑相传，商家就要多让客户"占便宜"，让他们时刻感觉到自己是受益者。常用的方法之一就是"优惠券"，在客户订购成功时将一张优惠券赠送出去，告知其在一定的期限中凭着这张优惠券能够在消费中获得更大的优惠，优惠券在一定程度上可以充当金额，但是切记有期限限制。客户既然想将优惠券在规定的期限中花费出去，则他必定会二次临门。

技巧二：建立数据库营销。定期将对客户有价值的信息传递给对方，在传递的过程中附加上自己产品促销的广告，客户一方面想要将对自己有利的信息收揽于怀，另一方面对于产品的打折促销也会产生兴趣，二次临门就不是难事了。一些电子商务网站没有站在客户的立场进行宣传，仅仅是对自己的产品进行硬性广告式的介绍，反而让客户产生逆反心理。所以，商家如果想利用网络营销则务必向客户发送其感兴趣的信息，自己产品的广告要自觉地处于次要位置，形成一种无形中的植入，客户在不知不觉中就会对你的产品留心。

想不红都难——微博营销

在当今社会中，微博成为传递信息的有力工具，它具有很强的时效性，使用起来也非常便捷，受众面积广泛。对于商家而言，微博的出现也是一条不错的营销之路。微博营销属于网络营销的分支，在网络营销的众多方式中，微博的力量是格外强大的。微博营销成本较低，因为每个人都可以在一些知名网站中注册微博，加之微博用户群的日益扩大，微博营销的影响力也越来越显著。

"微博是地球的脉搏。"这是美国《时代》周刊对微博所作出的评价。不错，每一个微博用户都有可能变成为活生生的消费者。

其一，与其多微博，不如精微博。

当商家注册自己的微博后最好能够专注经营，有的人发现了微博力量的强大就迫不及待地扩大自己的微博数量，实际上多微博不如精微博。从客观上来说，每个人的精力和时间都是有限的，微博越多越分散店主的注意力，内容也容易变得杂乱无章，大量的时间会耗费其中，反而收效甚微，正所谓"多而不专"正是此理。因此，店主只要集中精力将一个微博做好，其作用便能够得到很好的发挥了。

其二，为微博起一个响亮的名称。

好名字能够让大家便于记忆，口耳相传，同时也能够取得较好的搜索量。例如，百度、淘宝、58同城、开心网等这些名称都是通俗易记的，用户在搜索关键词的时候这些名称也能够很快地映入眼帘。

其三，设计特色微博模板。

一般情况下，微博平台为了客户的方便会将一些参考模板提供出来，店主可以根据自己店铺和产品的风格来选定模板。倘若店主自己具有模板设计的能力，也可以亲手尝试，这样的模板更容易夺人眼球，具有创新新和独特性。

其四，提升店铺在检索排行榜中的位次，查看与自己店铺相关的内容。

微博平台会为客户提供自我搜索的功能，店主利用自我搜索能够对自己已经发布了的信息进行查看。店主应当对自己在同类店铺中的排名进行关注，抽出时间用自己的店铺和其他店铺进行对比。微博排行榜提升与微博的评论数量、转发次数、关键词的提到次数等因素相关，店主想要提升自己微博的位次则可以在这些因素上下功夫。

其五，微博信息需要及时更新，时刻保证微博的新鲜性。

微博平台对信息发布的频率没有太大限制，对于店主来说，这是一个值得利用的机会，毕竟微博的热度和关注度与微博内容的新鲜性和持续性相联系。倘若关注的顾客过多，前面发布的信息则很快便会被后面的内容覆盖住，店主为了吸引客户的注意，必须定时、及时更新微博，如此才能够促进微博的血液循环，使其不断地发展下去。

其六，积极回复网友们的评论，为微博增加人气。

微博的性质属于互动平台，并不是单方面的宣传，店主如果能够与网友们（潜在客户）进行积极的互动，如此便能够及时掌握客户的看法和需求，以此作为改变销售策略的依据之一。

其七，店主在使用微博的时候务必保证信息的真实性和透明性。

一些人为了吸引客户的眼光不惜在微博中发布虚假产品信息，这样虽然能够获得一时的关注，但是客户得知真相后便很难再托付其信任，经营必然要走下坡路。店主想要获得成功，则必须赢得客户的信任；店主想要赢得客户的信任，则必须保证发布信息的真实性和透明性，不可对客户有丝毫欺瞒。如果可以，店主应该在微博上对产品进行持续式的跟踪介绍。当客户对店主的微博产生信任时，他们会自愿进行评论或转发，如此一来，该微博便能够产生强大的传播效果，继而带动营销成绩。

其八，微博上发广告要讲究技巧。

人们对于网络上的广告通常会有一种视而不见、见而不悦的感觉，赤裸裸的利益驱动往往难以被人们接受，所以，店主在发布营销信息时要保持措辞的婉转，尽可能用一种嵌入式的方式将广告信息与有价值的内容相结合。因为这些有价值的东西易获客户青睐，在无意识中他们也将对其中的隐形广告接受下来，转发率高，营销成绩自然也能够得到提升。

其九，深挖微博的其他功能，并加以利用。

比如说，在微博中进行抽奖活动或促销互动。再比如说，根据用户特性、地区特性、性别特性来制作"饵"，让这些目标用户成为自己网站的粉丝。或者，店主可以直接寻找同类的微博，对其粉丝加以关注，对方的粉丝看到相类似的微博也愿意与你进行交流，久而久之，你便能够与同类店主分享客户资源了。

营销市场的黑马——网店营销

如果你现在已经是一个网店老板，抑或说你想要成为一个网店老板，那么你就不得不先掌握点网店营销的知识，因为，现在做网店老板也是很有压力的。

随着电子商务的流行，越来越多的人开始投身于网店之中，越来越多的人开始创业当老板。相较于实体店，网店有着自己无与伦比的优势。据统计，截至 2012 年，中国约有 800 万人在网络上从事网店经营，有 3.5 亿人有过浏览网店的经历，其中 7000 万人有过购买行为。由此可见，网店营销已经成为当前社会营销市场上的一匹黑马。

而销售人员想要提高自己的业绩，创办一个网店是很有必要的。那么，网店营销相较于实体店营销有什么区别呢？

销售人员应该认识到，网店营销并不是简单的营销网络化，它并没有完全抛开传统营销的理论，它是传统营销与新型模式相结合的一种营销形式，它并非是孤立存在的。在这里，我们所讲的网店营销是企业整体营销战略的一个组成部分，是为了实现经营目标所进行的、以互联网为平台进行各种经营活动的营销方式。

网店营销有以下几个特点：

1.以互联网、计算机通信、数字化方式为技术手段，跨越空间和时间与客户进行信息交换，不仅比实体店有更多的时间与空间进行营销活动，还能帮助消费者在世界联网的环境下方便快捷地购物。

2.网店营销是一种以消费者为导向，强调个性化的经营方式。网店营销可以使高度目标化的小群体营销甚至个体营销成为可能。

网店营销的最大特点在于以消费者为主导，消费者会比过去拥有更大的自由，他们可以根据自己的需求与特点在全球范围内寻找自己喜爱的物品，不受地域限制，也不受时间的限制。通过进入自己感兴趣的企业网站或者是虚拟商店，消费者可以获得更多、更有用的信息，让购物变得更轻松、更方便。网店营销改变了以往的营销模式，从工业时代大规模、标准化生产方式所形成的大批量、大规模的营销方式到根据消费者需求提供小批量、个性化的商品与服务，真正实现了消费者的个性回归。

3.在传统的营销中，人们往往会收到各种各样的信息，报纸、短信、杂志、电视……每个载体上都有无数的信息向人们涌来，大多数人不得不被动地接收广告信息。而网店营销则是一对一的、理性的、由消费者主导的营销方式。销售人员将产品的信息放在网络上，让人们根据自己的喜好和需求来搜索相应的信息，体现消费者的主动性。当然，消费者还可以观察其他消费者评论，综合考虑是否购买。

4.除了以上几点优势，利用网店进行营销还可以减少很多中间环节，比如网上发布信息与推销产品只需要点击一下鼠标，不但节约时间，还可节省由推销所带来的一系列广告费、广告资料印刷费等。而且，网店营销不需要房租、水电等费用，无形中为企业节约了成本，带来了利润。

在网上开店卖衣服能做出多大规模？在这个人人都可以开网店的年代，一家叫作韩都衣舍的企业却创造了一个网店营销的奇迹，一个堪称最牛的"淘品牌"。

这个企业究竟牛到什么程度？我们先来看一组数字：韩都衣舍平均每天要更新 60 款服装，每天的访问量为 1000 万，每天的发货量为 1 万单，一年的销售额为 5 亿元，计划到 2015 年销售额将高达 30 亿元，旗下有 1200 名员工，平均每周都会招收新员工 20~30 人。

很多人都以为韩都衣舍是一家韩国企业，其实不然，它是一家正宗的中国企业，总部设在山东，并且计划 2015 年在美国上市。那么这家企业究竟是如何崛起的呢？下面就让我们走进韩都衣舍，看看一家小小的网店如何成长为即将上市的企业。

韩都衣舍的快速发展在整个淘宝网都可以说是一个传奇。

1995 年，就读于山东大学韩国语专业的赵迎光初次接触互联网，很快他便对互联网产生了浓厚的兴趣。毕业一年之后，赵迎光进入了一家国企，被派往韩国工作。当时的韩国已经在电子商务方面有所发展，这让他切实地体会到了其中的便利与商机。

起初，在国企有一份不错薪水的他并没有太多的想法，只是想在工作之余做一些兼职，赚点外快。2002 年，他开始在易趣网兼职出售韩国化妆品。2005 年，他又转战至淘宝网，开始出售一些韩国的新产品，而后他又做过化妆品的销售、防辐射孕妇装等多种产品。正是这段在电子商务闯荡的经历，让赵迎光对电子商务领域有了深刻的了解。

随着中国电子商务的逐渐成熟，赵迎光终于做了一个决定——辞职下海，专职做网店。

在一间只有8平方米的小仓库中，赵迎光支起了一张桌子，招聘了一名员工，正式开始了创业。后来他回忆说，当时他邀请朋友来参观自己的公司时，朋友看到这个8平方米的仓库只说了一句："你创业了，好！"

凭借着自己的经验和努力，赵迎光通过在网上卖奶粉，没过多久就达到了月销售额20余万元，但是仅仅在几个月之后，赵迎光就觉得做奶粉并不是长久之计。因为虽然一个月营业额有几十万，但是毛利润才10%，纯利润还不到3%，加上价格竞争越来越激烈，做到头也只能赚点辛苦钱。

正在赵迎光进退两难的时候，一家卖服装的韩国电子商务公司给他带来了出路。

2007年9月，作为翻译参加韩国展会的赵迎光参观了自己大学同学的公司——一家网上卖服装的电子商务公司。在走进这家电子商务公司的那一瞬间，赵迎光被震撼了，一天销售4万件货，这是他无法想象的。

赵迎光想不通，为什么一家电子商务公司能有如此大的规模，因此他强烈要求见这家公司老板一面。而正是这次见面，改变了赵迎光的人生。

这家电子商务公司的老板在见了赵迎光之后给了他三点意见：第一，开网店最好打出自己的品牌，这对将来的发展是受益无穷的。第二，最好卖女装，因为女装行业最容易赚钱。第三，如果做女装，一定要多推出新款式，更新要尽量快，只要做好了一定可以赚钱。

正是这次见面，让赵迎光下定决心做服装，也让济南诞生了"韩都衣舍"。

2008年3月，赵迎光寻找了几位朋友，对朋友们详细描述了韩国那家电子商务公司让人叹为观止的业绩，说服了朋友们和他一起创业。于是，他的这几位朋友几乎同时从各个单位离职，与赵迎光一起创办了韩都衣舍。

2008 年创办之初，韩都衣舍只有 17 名员工，一年的销售额仅 130 万元人民币。仅仅两年之后，韩都衣舍一跃成为了淘宝网服饰类人气排名第一的网店以及长江以北最大的淘宝卖家，其会员高达 200 万人，稳稳地坐上了山东电子商务龙头企业的位置。韩都衣舍曾创下过连续 55 天蝉联"月度热卖排行榜"第一的纪录，在淘宝一骑绝尘，让许多知名品牌望尘莫及。

一直以来，韩都衣舍都只做韩式服装，赵迎光说："之所以一直做韩式服装，一方面是因为我看好韩国时尚品的打造能力，更重要的是，近年陆续进入中国市场的 ZARA、H&M 等快时尚品牌都代表着欧美风，但欧美风再强，和我们也不是一路，没法对我们产生威胁。"赵迎光对此打了个比方："他们开他们的西餐厅，我开我的韩餐厅"。

"下一步，我们计划把更多的合作工厂转移到山东来，最好是在济南周边。从 2011 年下半年开始，韩都衣舍就在运作着一件事——把生产基地向济南靠拢。现在一共有 150 家左右的工厂替我们加工服装，山东省内已有四五十家。"赵迎光说，"我想和更多的山东企业开展合作，因为这样更方便，也更容易沟通。"

2011 年 11 月 11 日，也就是网络上盛传的"光棍节"那天，淘宝推出了"5 折疯抢"的活动，韩都衣舍也积极响应，结果仅当天一天的订单就达到了4.5 万单，这显然是传统经营无法达到的，而这也是电子商务的能量以及它的生命力。

在业内人士看来，现在大部分网店都是"夫妻店"不成规模，但是随着电子商务的逐渐发展以及传统品牌对互联网市场的渴求，未来中国的网店服务行业会逐渐出现成规模、有实力的企业。

正是因为有着广阔的市场前景，韩都衣舍吸引了嗅觉敏锐的风险投资商的注意。

据赵迎光介绍说，以前，网店发展所需要的资金都是靠股东集资以及少量的银行贷款。但是在 2010 年 7 月，著名的风险投资公司 IDG 主动找到了韩都衣舍，双方达成了上千万美金的融资计划，在此之前，他们还拿到了韩国 KIP 基金 500 万美元的投资。现在，赵迎光正在紧张地筹备上市工作。他说："我们也想听听在美国撞钟的声音。"

韩都衣舍的成长让人惊讶，从一家只有一个人的网店发展成即将上市的企业，这无疑证明了网店营销的巨大潜力。现如今，很多品牌厂家都在构建网店，包括森马、耐克、温碧泉、LEE、匡威等大牌企业，它们都十分重视网店营销，希望能够通过网店营销来提升自己的业绩。

网店营销已然成为了企业营销的第二渠道。因此，所有的企业都应该重视网店营销，在网店营销上下功夫，努力拓展自己的营销渠道，再创辉煌。

虽然网店营销有着非常广阔的前景，对企业营销能够带来非常大的帮助。但是，销售人员应该注意，开网店也需要遵循以下几个原则：

1.开网店最重要的就是信誉，大多数网购的客户都会翻看一家网店之前的信誉评价，如果发现很多人都对你的店铺不满意，而且退货率很高，那么客户又怎么会买你的产品呢？

2.现在大多数网店的客服在收到客户的信息之后都会非常热情，"亲"、"谢谢您"、"欢迎下次光临"之类的词语经常出现，在这种环境下，消费者已经习惯了商家的热情服务，如果你的服务不够热情，那么消费者就会立刻转身离开。

3.商品介绍要吸引人并且有新意，销售人员一定要学会用有吸引力的文字和图片，再加上有煽动性的广告语，牢牢抓住客户的心。

4.想要让新客户变成老客户，想要让客户对自己的产品进行口碑相传，商家就要多给客户"便宜"占，让他们时刻感觉到自己是受益者。

数百万的点击量——搜索引擎营销

现今中国已有近 5 亿的网民，这些网民每天上网几乎都会使用搜索引擎，也就是说，搜索引擎是众多网民上网去向的第一导向师，这其中的商机是可想而知的。如何利用好搜索引擎做好营销，这已成为每个销售人员避不开的思考题。

搜索引擎营销是根据用户使用搜索引擎的方式，利用用户检索信息的机会尽可能将营销信息传递给目标用户。简单地说，搜索引擎营销是基于各个搜索引擎平台的一种网络营销，利用人们对搜索引擎的依赖与使用习惯，在人们搜索信息的时候达到营销的目的。

搜索引擎营销的基本目的就是让消费者发现信息，并且通过点击进入网站（网页）进一步了解他所需要的信息，而后注册为会员，留下联系方式，最终产生购买行为。相较于传统营销，搜索引擎营销有着自己独特的优势。

传统营销需要选择目标市场，通过创造、传递、传播优质的客户信息来获得、保持和发展客户。而在互联网时代，网站由于内容丰富、查阅方便并且不受时间、空间的限制，广受消费者以及商家的喜爱，成为了传递和传播价值的主要手段，并且在获得客户、发展客户方面呈现出了巨大的潜力。因此，围绕网站的营销活动也愈加丰富，而搜索引擎营销，正是其中一种。

搜索引擎收录了商家的网站，当有消费者搜索相关信息的时候就可以展现出来，而感兴趣的用户就会点击搜索结果页面上的链接，进入商家的网站（网页），浏览商品信息，注册账号、留下自己的联系方式，定制自己感兴趣的资料列表，甚至通过电话或者在线购物完成购买。

我们可以把搜索引擎营销定义成这样一种营销方式：用关键词来锁定不同的人群，通过相关的搜索结果页和网站上比较有针对性的信息与消费者进行互动以此来达到营销的目的。也就是说，搜索不同关键词的消费者都有着各自的独特兴趣点和社会属性，而营销者则可以根据关键词来细分不同的消费者，选择有针对性的搜索结果信息和网页进行营销，达到精准营销的目的。由此可见，搜索引擎营销拥有十分光明的前景。

宝马汽车公司是一家十分注重搜索引擎营销的企业。它根据 IP 地址显示搜索结果，顺利达成了品牌的本地化细分覆盖。

宝马集团在美国本土的搜索营销策略是激进的投放策略，即让旗下所有产品的名称都置于各大搜索引擎搜索结果的第一位，并且以此为基础，详细研究用户在查询时可能出现的关键词组合，将有关产品名称的各种组合一并购买，并且使自己的搜索结果排名也处于首位。

除此之外，宝马公司还与搜索引擎公司达成协议，利用搜索引擎分 IP 显示关键广告词的功能联合宝马分散在美国各地的经销商，进行当地市场的品牌精准传播。当用户输入宝马产品的名称之后，在结构列表首位的是宝马美国的官方网站，而第二位则是当地经销商的网站，比如消费者的 IP 来自纽约，那么第二位显示的结果就是纽约宝马经销商的网站。

宝马公司的这一创举首先就达成了品牌大面积的覆盖，关于宝马的一切产品都排在了搜索结果的第一位，在消费者心中树立起了一个良好的品牌形象。其次还达成了品牌细分覆盖，可以根据消费者所属的区域提供有针对性的结果，为经销商的销售带来了宣传效果。最后，宝马还与各地的经销商进行联合搜索营销，使得宝马公司整体品牌得到了高度统一，同时还节省了各地经销商高额的广告预算。

搜索引擎营销的能量的确不容小觑，不仅仅是宝马，很多国内外企业也在利用搜索引擎营销来提升自己的影响力和业绩，甚至连欧洲杯这样的大型赛事也参与其中，由此可见搜索引擎营销的魅力有多大。

销售人员应该善于利用搜索引擎营销提升自己的业绩，那么，在进行搜索引擎营销时是否有一些技巧与方法呢？答案是肯定的。

在进行搜索引擎营销的时候有以下几个工具：

1.竞价排名（如百度竞价），即通过向搜索引擎公司支付费用来使企业产品在消费者搜索时排名靠前。

2.搜索引擎优化，即通过增加点击率、更改关键词等使企业产品的自然排名靠前。

3.付费搜索引擎广告，即向搜索引擎公司支付一定的费用在搜索显示页投放一些广告。

4.优化关键词，即销售人员可以根据客户的心理优化企业产品的关键词，比如可以把手机型号优化为——性价比最高的手机××，这样一来客户在搜索"性价比最高的手机"时搜索页面就会出现你的产品。

5.充分利用内部资源,即对企业网站现有的内容进行合理的包装与优化。

6.合理利用外部资源,即销售人员可以利用一切可以利用的资源来进行搜索引擎营销,包括利用合作伙伴的资源、利用企业相关的信息资源,比如在合作伙伴企业的网站上投放广告,进行信息传播等。

图书在版编目(CIP)数据

销售这么做，顾客才埋单 / 易天著.—北京：
中国华侨出版社,2015.4

ISBN 978-7-5113-5385-6

Ⅰ.①销… Ⅱ.①易… Ⅲ.①销售–方法
Ⅳ.①F713.3

中国版本图书馆 CIP 数据核字(2015)第080551号

销售这么做，顾客才埋单

著　　者 / 易　天

责任编辑 / 文　蕾

责任校对 / 孙　丽

经　　销 / 新华书店

开　　本 / 787 毫米×1092 毫米　1/16　印张/20　字数/246 千字

印　　刷 / 北京建泰印刷有限公司

版　　次 / 2016 年 2 月第 1 版　2016 年 2 月第 1 次印刷

书　　号 / ISBN 978-7-5113-5385-6

定　　价 / 35.00 元

中国华侨出版社　北京市朝阳区静安里 26 号通成达大厦 3 层　邮编：100028
法律顾问：陈鹰律师事务所
编辑部：(010)64443056　　64443979
发行部：(010)64443051　　传真：(010)64439708
网址：www.oveaschin.com
E-mail：oveaschin@sina.com